麓山心理学文库

湖南省哲学社会科学基金（13YBA220）资助

决策困难的前因后果及其应对措施

◎ 李晓明 著

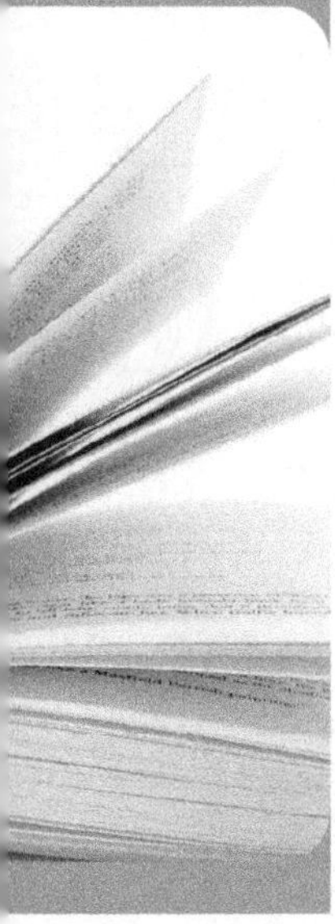

汕頭大學出版社

图书在版编目（CIP）数据

决策困难的前因后果及其应对措施 / 李晓明著 . --
汕头 : 汕头大学出版社，2019.2
ISBN 978-7-5658-3785-2

Ⅰ . ①决… Ⅱ . ①李… Ⅲ . ①决策学—研究 Ⅳ .
① C934

中国版本图书馆 CIP 数据核字（2019）第 029242 号

决策困难的前因后果及其应对措施
JUECE KUNNAN DE QIANYIN HOUGUO JIQI YINGDUI CUOSHI

著　　者：李晓明
责任编辑：邹　峰
责任技编：黄东生
封面设计：汤　丽
出版发行：汕头大学出版社
广东省汕头市大学路 243 号汕头大学校园内　**邮政编码**：515063
电　　话：0754-82904613
印　　刷：北京虎彩文化传播有限公司
开　　本：787mm × 1092mm　1/16
印　　张：12.5
字　　数：180 千字
版　　次：2019 年 2 月第 1 版
印　　次：2019 年 3 月第 1 次印刷
定　　价：48.00 元
ISBN 978-7-5658-3785-2

序　言

日常生活中我们需要不断地做出各种决策，小到一顿早饭或一支牙刷的选择，大到一项投资或终身伴侣的选择。可以说，我们的生活几乎是由自身的决策习惯所构建的，决策质量及决策体验关系着我们生活的方方面面，关系着我们的幸福感体验。有些决策非常容易、快速，如午餐吃什么，但很多决策却并非如此简单，尤其是医疗决策、职业决策和婚姻决策这样一些重大决策。决策通常意味着取舍和权衡，有时面对铺天盖地般涌来的各色商品及选项，我们会体验到冲突、迷惑和困扰，不知该如何选择，并由此产生了决策困难。

决策困难会在很多方面影响个体的决策行为，如个体的决策过程、决策结果以及相应的决策体验，从而对个体的生活产生重要影响。本书将基于三种决策困难：特质性决策困难、情景性决策困难和职业决策困难，探讨不同决策困难的成因及其影响，并思考如何降低不同类型的决策困难，为决策困难的成功干预提供参考建议。

从成因上来看，决策困难可分为三种情况：第一种情况源于人格特质所导致的特质性决策困难。当一个决策的确非常重要或困难时，人们难以决策是正常的，但有些人几乎面临任何决策都会体验到决策困难，此种决策困难已不局限于特定领域和特定情景，而带有普遍性和稳定性，内化成了一种稳定的人格特质——优柔寡断（Indecisiveness）（熊红星、郑雪，2011；Frost & Shows，1993；Germeijs，Verschueren，& Soenens，2006；Rassin，2007）。

第二种决策困难则不局限于特定人群、特定领域，它是由当前决策情景或决策任务所导致的一种情景性决策困难（简称为 Decision Difficulty 或者 Choice Difficulty），如在选项过多、认知负荷高或时间紧迫等情况下，大部分人都会感到难以选择。除了上述认知因素所导致的情景性决策困难之外，还存在着因特性间权衡所导致的情绪性权衡困难。以往研究发现，此种决策困难通常会导致个体的决策回避行为，当难以选择时，决策者会通过选择一些特殊选项（如延迟选项或现状选项）来回避决策困难（Anderson，2003）。这种决策困难也会降低消费者对已选项目和决策过程的满意感，进而影响其后期购买意向。

除了上述两种决策困难之外，还存在一种个体在特定领域中所面临的决策困难，如选择职业或专业对于绝大多数人来说都是困难的。西方研究者用“Indecision”来表示人们在某一特定领域中所面临的决策困难，如职业决策困难（Career Indecision）（Germeijs & De Boeck，2003）。目前国内外研究者已对职业决策困难进行了较多的探讨，相关研究对于帮助人们做好职业生涯决策、降低职业决策困难具有重要的实践意义。

本书将通过三编的内容分别阐述上述三种决策困难，即特质性决策困难、情景性决策困难和职业决策困难。因笔者及其课题组成员曾在特质性决策困难和情景性决策困难方面做过一些实证研究，因此在前两编中还将介绍笔者及其课题组成员曾经开展的一些实证研究。

第一编重点阐述优柔寡断特质。本编将首先介绍优柔寡断特质的概念及相关理论，然后通过对三个优柔寡断问卷的中国化适用性研究来介绍该特质的测量，并以此为基础探讨优柔寡断特质与其他人格变量的关系；随后将重点梳理优柔寡断特质对决策过程和决策行为的影响；最后通过一个综合性的优柔寡断模型对优柔寡断的前因后果进行归纳总结，并提出一些干预意见和相关领域的研究展望。

第二编重点介绍情景性决策困难。此编将首先阐述情景性决策困难的成因；然后着重介绍两种典型的情景性决策困难：选择超载效应和情绪性权衡困难；随后将通过一个探讨情景性决策困难对延迟选择影响的实证研究，直观地展示该领域的研究方法；最后分别从商家及决策者的角度提出一些应对情景性决策困难的建议。

第三编重点介绍职业决策困难。此编将首先对职业决策困难的概念、分类和测量进行简述；然后着重探讨导致职业决策困难的人格因素、人口统计学因素及环境因素；最后从社会、家庭、学校以及个体自身方面提出应对职业决策困难的建议。

希望本书对决策困难的介绍，可以帮助个体理解不同类型决策困难的成因及其应对措施，提高人们应对决策困难的能力，并最终提升其决策质量和幸福感。

目　录

第一编　特质性决策困难

第二编　情景性决策困难

第三编　职业决策困难

第一编

特质性决策困难

第一章　优柔寡断特质的概念及测量

一、优柔寡断特质的概念

在日常生活中我们必须做出种种决策，人们都曾经历过决策困难的情况。诚然，当一个决策的确非常重要或困难时，人们难以决策是正常的，如选择职业或专业对于大多数人来说都是困难的。但现实生活中也有人几乎任何决策都会体验到决策困难。此种决策困难已不局限于特定领域，而带有普遍性和稳定性，已内化为一种人格特质（Germeijs，Verschueren，& Soenens，2006；Rassin，2007；Rassin & Muris，2005a）。研究者认为职业或专业决策困难和普通的决策困难是两个不同的概念，应区别对待（Germeijs & De Boeck，2002）。西方心理学界曾采用不同的英文单词来表示这两种决策困难，用“Indecision”表示人们在某一特定领域中所面临的决策困难：如职业决策困难（Career Indecision）（Germeijs & De Boeck，2003）；而用“Indecisiveness”表示在做任何领域的决策时，个体都会感受到困难或更喜欢回避决策的一种个体倾向性（Frost & Shows，1993；Germeijs & De Boeck，2002），即无论决策的重要性程度如何，优柔寡断者在做决策时都会体验到决策困难，即使在有充分的选择余地，并且鼓励个体做出选择和有选择自由的情景下，仍然如此。

那么，应该如何将“Indecisiveness”准确地用中文表示出来呢？不同研究者的观点有所差异，有研究者翻译为“犹豫不决”，但另一些研究者认为这样翻译不妥，即犹豫不决指人在某一具体事情上的行为表现，一般不适宜指人的性格。而优柔寡断在汉语中多指个体在处理事情时总是缺乏决断力，可以用来指人的性格及特质。所以本书使用“优柔寡断”这一名词来指代“Indecisiveness”。

Frost 和 Shows（1993）认为优柔寡断是指个体在各种情景和领域中都不能适时做出决策，并将其定义为个体在决策过程中无法决策的不适状态。Germeijs 和 De Boeck（2002）同样指出，有些人会跨越各种决策情景长期体验到决策困难，决策困难对于这些个体来说可以看成是一种特质，这种长期体验到决策困难的一般倾向即优柔寡断。Yates 等（2010）指出，如果说某人优柔寡断，那么就是说他或她长期表现出犹豫不决，并且超越了一定的标准。从各种对优柔寡断的阐释可以看出，研究者基本认同优柔寡断是跨情景的、长期体验到的、特质性的决策困难。研究者总结出高优柔寡断者通常包含 11 个特点：（1）需要花费较长的时间去决策；（2）认为决策是困难的；（3）对如何决策感到迷惘；（4）在决策过程中有不确定感；（5）延迟决策；（6）回避决策；（7）让其他人做决定；（8）改变决定；（9）对以往的决定感到担忧；（10）后悔以往的决定；（11）自称自己是优柔寡断的。（Germeijs & De Boeck，2002）以上 11 个特点涉及个体的行为（第 1、5、6、7 和 8 条）、认知（第 2、3 和 11 条）和情绪（第 4 和 10 条）这三大方面。

为了更好地研究优柔寡断这种个体特质，研究者首先需要开发出能够较好地体现优柔寡断概念的测量工具。下面将对优柔寡断特质的测量工具及其结构进行介绍。

二、优柔寡断特质的测量及结构

（一）优柔寡断特质的测量

目前研究者普遍采用 Frost 和 Shows（1993）编制的优柔寡断量表

（Indecisiveness Scale）来测量优柔寡断特质。该量表包括 15 个项目，涉及困难、自信、焦虑、拖延和后悔等方面。其包括 9 个负面的描述，如“我会设法推迟做出决定”“做选择时，我会变得焦虑不安”等；还包括 6 个正面的描述，如“我觉得做决定是件容易的事情”“一旦做出了决定，我就会相当确信它是一个好的决定”等。量表为 5 点的李克特量表（1= 非常不同意，5= 非常同意）。该量表具有较好的信效度，其内部一致性信度在 0.8 以上，重测信度为 0.88（Rassin et al.，2007）。后来也有研究者提出，优柔寡断特质所体现的决策问题具有普遍性，并非针对特定领域，但是原 15 个项目的量表中有 4 个项目涉及特定领域，如“规划自己的空闲时间对我来说是件困难的事”“点菜时，我通常难以决定要吃什么”等。研究者通过探索性因素分析发现这 4 个项目的因素负荷均偏低，所以有研究建议将原有的 15 个项目缩减到 11 个项目（Rassin et al.，2007）。

另外，Germeijs 和 De Boeck（2002）基于以往关于优柔寡断特质的诸多描述和相关的量表，发展出一个包括 22 个项目的量表，该量表同样得到了广泛运用。研究表明，该量表具有较高的内部一致性信度和预测效度（Germeijs & Verschueren，2011a；Germeijs，Verschueren，& Soenens，2006）。

也有少数研究者采用了墨尔本决策量表（the Melbourne Decision Making Questionnaire，Melbourne DMQ）（Mann et al.，1997）中的决策拖延分量表（Decisional Procrastination Scale），重点测量了个体在决策中的拖延倾向，以此来代表个体的优柔寡断特质（Ferrari & Dovidio，2000，2001）。但应该说，该量表只测得了优柔寡断特质的一个方面，并不全面。

（二）优柔寡断特质的结构

关于优柔寡断特质的另一个关键问题是其结构问题。以往很多研究者认为该特质具有单维结构（Frost & Shows，1993；Germeijs & De Boeck，2002；Rassin et al.，2007；Yates et al.，2010）。目前也有少数研究者提出该特质可能具有多维结构。Spunt 等（2009）发现优柔寡断特质具有两维结构：（1）厌恶性优柔寡断（Aversive Indecisiveness）：个体在做决策或评价决策情景时，具有威胁性认知偏向和负性情绪体验的倾向。该维度与后悔倾向以及焦虑特质等有关。（2）回避性优柔寡断（Avoidant Indecisiveness）：一种回避决策以及做决策时会体验到困难的倾向。该维度与个体的回避行为及对决策困难的主观评价有关。该研究结果有助于人们理解优柔寡断特质的不同方面，但目前该结构还需要更多的实证研究加以支持。

三、优柔寡断特质的性别和文化差异

（一）性别差异

Frost 和 Shows（1993）在形成该量表时只选用了女性被试。后来有研究试图探讨优柔寡断特质的性别差异，但结果却不一致。如 Rassin 和 Muris（2005b）最早探讨了其性别差异问题，结果发现，女性比男性更加优柔寡断，研究者认为这可能是由于女性更易于焦虑，而焦虑与优柔寡断特质又具有紧密的关系。但在此研究中，男女被试数差异较大（男性 29，女性 106）。另外，也有研究并未发现显著的性别差异（Patalano & Wengrovitz，2006）。应该说优柔寡断特质是否存在性别差异目前尚无定论。

（二）文化差异

最近研究者对优柔寡断特质也进行了一些跨文化的研究。相关研究有助于人们更好地理解影响优柔寡断特质的社会文化因素。例如，Patalano 和 Wengrovitz（2006）研究了中国人和美国人在优柔寡断特质上的文化差异。结果发现，两个群体虽在优柔寡断量表总分上无显著差异，但在个别方面差异显著。与美国人相比，中国人虽然认为自己更难于做规划，但对自己的决策却更加自信。研究者认为这可能由于中国人处于集体主义文化下，在规划事情时需要更多地考虑其他人，所以更难以规划，但这一点却并不会使中国人对自己的决策变得不自信，因为中国文化更加鼓励个体集思广益、谨慎思考后再做出决定。

Swami 等（2008）发现，马来西亚人比中国人更优柔寡断。研究者认为这可能由于马来西亚人具有更高的自我意识和更低的自尊感，而这些因素都可能导致高优柔寡断。Yates 等（2010）发现，日本人比中国人和美国人更加优柔寡断，并进一步探讨了导致这种差异的原因。研究发现，这种文化差异可能缘于不同文化对优柔寡断特质持不同的看法，日本人对优柔寡断行为持更加积极的态度，因为日本人在决策时更喜欢刨根问底，更加细致深入，因此彻底性（Thoroughness）可能是导致这种文化差异背后的认知原因。

Man 等（2016）探讨了大陆、香港的中国人以及加拿大籍欧洲人在优柔寡断特质上的文化差异。结果发现，香港的中国人具有最强的优柔寡断特质，其他两组差异不显著。而研究者认为，这主要缘于大陆的中国人近些年经历了较大的社会变革，从而使其对未来更加乐观，而加拿大籍欧洲人本身就具有对未来更加乐观的文化积淀，对未来的乐观通常会降低个体在决策中的优柔寡断倾向，因此这两类人都具有较低的优柔寡断特质。该研究也体现出，除了相对稳定的社会文化因素会影响优柔寡断特质外，某一时期的动态性社会变革也会影响个体的优柔寡断性。未来研究需要更细致地在不同文化中探讨优柔寡断特质的文化差异，如优柔寡断特质的结构问题，这类研究将有助于探索优柔寡断特质跨文化的一致性或相对性。

第二章　优柔寡断量表的中国化适用性研究

一、Frost 和 Shows 优柔寡断量表的中国化适用性研究[①]

（一）研究目的

对 Frost 和 Shows（1993）编制的优柔寡断量表进行中国化的适用性研究，考察该问卷的信、效度及结构。

（二）研究方法

1. 研究对象

选取长沙地区 550 名大学本科生参与本实验，有效问卷 509 份，有效回收率为 93%，其中男生 229 名，占 45%，女生 280 名，占 55%，平均年龄为 20 ± 1.51 岁。

---

① 数据摘自：邓婕，《优柔寡断量表在中国大学生群体中的适用性研究》，湖南师范大学硕士学位论文，2012.

2. 研究工具

中文版 Frost 和 Shows 优柔寡断量表（见附录一）。采用完全双盲的方法对 Frost 和 Shows 优柔寡断量表进行英译中的翻译和回译，并基于多次预试，形成最终的中文版 Frost 和 Shows 优柔寡断量表。该量表包括 15 个项目，涉及困难、自信、焦虑、拖延和后悔等方面。其中包括 9 个正向题目，如“我会设法推迟做出决定”“做选择时，我会变得焦虑不安”等；6 个反向题目（第 2、3、5、6、8、9 题），如“我觉得做决定是件容易的事情”“一旦做出了决定，我就会非常确信它是一个好的决定”等。在这 15 个项目中有 4 个项目涉及具体领域，如“点菜时，我通常难以决定要吃什么”，通过预试也确实发现，这 4 个涉及具体情景的项目（第 4、7、13、14 题）与其他项目相关较低，这与国外研究一致，因此在正式研究中将这 4 个项目加以剔除。最终该量表包括 11 个项目，采用 7 点记分法（0= 非常不同意，1= 不同意，2= 有点不同意，3= 不确定，4= 有点同意，5= 同意，6= 非常同意）。将反向项目进行反向计分，量表总分数越高，则个体的优柔寡断倾向越高。

特质焦虑量表（STAI–TAI 分量表）。特质焦虑量表是由 Spielberger 等人编制，中文版由李文利和钱铭怡（1995）进行了修订。该特质焦虑量表为自陈量表，由两个分表形成，共 40 个项目，前 20 个项目评定状态焦虑，后 20 个项目评定特质焦虑，均为 4 点计分（1= 从不；2= 有时；3= 经常；4= 总是），得分越高，表明其特质焦虑水平越高。本研究采用后 20 个条目，其中第 1、3、4、6、7、10、13、14、16、19 题为反向计分。以往研究表明该特质焦虑量表有良好的信效度，是目前广泛使用的个体特质焦虑的测量工具（李文利、钱铭怡，1995）。

（三）结果分析

1. 结构分析

探索性因素分析。对数据进行探索性因素分析共得出两个因子。第一个因子包含 5 个项目，将其命名为厌恶性优柔寡断。该维度反映了个体在做决策或评价决策情景时，具有威胁性认知偏向和负性情绪体验的倾向。第二个因子包含 6 个项目，将其命名为回避性优柔寡断。该维度主要体现个体的一种回避决策以及做决策时会体验到困难的倾向。两因子的方差解释量分别为 22.698%、20.797%，总方差解释率为 43.495%，*KMO*=0.841，各项目在两因子上的载荷见表 2–1。

表 2–1　各项目在两因子上的载荷（*N*=509）

项目	载荷	
	回避	厌恶
V06	0.692	0.187
V03	0.691	0.184
V09	0.663	0.106
V08	0.650	0.200
V05	0.534	0.134
V02	0.408	0.297
V12	0.205	0.704
V15	0.360	0.666
V10	0.187	0.663
V11	0.242	0.659
V01	0.301	0.498

验证性因素分析。通过验证性因素分析检验优柔寡断量表的二因子模型，并比较单因子模型（所有项目都归为一个因子）和三因子模型（抽取三个因子数）。结构方程的拟合程度主要通过 *CFI*、*NFI*、*NNFI*、*GFI* 和 *RMSEA* 等几个拟合度参数来衡量，前四个拟合参数取值范围通常在 0 ～ 1 之间，参数越接近 1，说明拟合程度越高。最后一个拟合参数 *RMSEA* 如果低于 0.1，说明模型拟合得较好；低于 0.05，说明拟合得很好；低于 0.01，则说明拟合得非常完美。如表 2–2 所示，二因子和三因子的模型拟合指数比较理想，但三因子模型中各维度的内部一致性不高，所以二因子模型更优一些。

表 2–2　不同模型的拟合指数（*N*=509）

	χ^2/df	*GFI*	*NFI*	*CFI*	*NNFI*	*RMSEA*
单因子	4.75（209.042/44）	0.927	0.815	0.847	0.891	0.086
二因子	3.29（141.47/43）	0.951	0.875	0.909	0.924	0.067
三因子	2.85（116.656/41）	0.961	0.897	0.930	0.937	0.060

2. 项目分析

通过分析该量表各项目与所属维度的相关性来考察中文版 Frost 和 Shows 优柔寡断量表的结构，各项目与所属维度的相关性为 0.554 ~ 0.703，远高于该项目与其他维度间的相关性（见表 2–3）。

表 2–3　各项目与各维度的相关性

	回避						厌恶				
	V02	V03	V05	V06	V08	V09	V01	V10	V11	V12	V15
回避	0.554**	0.700**	0.587**	0.703**	0.648**	0.650**	0.373**	0.358**	0.389**	0.391**	0.272**
厌恶	0.326**	0.377**	0.275**	0.370**	0.387**	0.309**	0.627**	0.684**	0.707**	0.705**	0.635**

3. 信度分析

内部一致性信度。统计分析表明，该量表的总体内部一致性（α 系数）为 0.807，测量厌恶维度的 4 个项目的内部一致性为 0.712，测量回避维度的 7 个项目的内部一致性为 0.693。

重测信度。重测信度反映测验跨越时间的稳定性和一致性。即用同一测验方法，对同一组被试先后进行两次测查，然后计算两次测查所得分数的相关系数。相关程度高，则表示该量表的测量稳定性好。调查对象是 49 名大学生，其中女生 31 名，占 63.3%，男生 18 名，占 36.7%，平均年龄为 18.9 ± 0.98 岁。先对这批学生进行第一次施测，时隔两周后对同一批学生进行第二次施测，两次分数的相关系数为 0.818，$p<0.01$，二者之间的高相关性说明此量表具有较高的重测信度。

4. 效标关联效度

效标关联效度是指测验分数与某一外部效标间的一致性程度，即测验结果能够代表或预测效标行为的有效性程度。优柔寡断作为一种长期体验到决策困难的特质问题，与特质焦虑间存在着相关（Rassin et al.，2007）。因此，本研究将特质焦虑量表作为优柔寡断量表的关联效标。以 84 名大学生为对象，其中男生 31 名，占 36.9%，女生 53 名，占 63.1%，平均年龄为 20.9 ± 1.48 岁。结果发现，二者之间的相关系数为 0.564，$p < 0.01$，二者

之间的高相关性体现出中文版 Frost 和 Shows 优柔寡断量表具有较好的效标关联效度。

（四）小结

通过探索性因素分析和验证性因素分析得知优柔寡断量表具有二维结构，项目分析发现这两个维度中各项目与所属维度的相关性在0.554～0.703之间，远高于该项目与其他维度间的相关性，表明两个维度之间相互独立；从内部一致性的结果来看，整个量表的内部一致性较高，测量各维度的项目之间的内部一致性也较好，另外，重测相关系数较高，因此，该量表具有较好的信度；最后，该量表与特质焦虑量表的高相关性也说明了优柔寡断量表具有较好的效标效度。总体而言，本研究发现 Frost 和 Shows 优柔寡断量表在中国具有较好的适用性。

二、Germeiji 和 De Boeck 优柔寡断量表的中国化适用性研究①

（一）研究目的

对 Germeijs 和 De Boeck（2002）编制的优柔寡断量表进行中国化的适用性研究，考察该量表的信、效度。

（二）研究方法

1. 研究对象

随机抽取长沙市 700 名本科生，发放中文版 Germeijs 和 De Boeck 优柔寡断量表。回收有效问卷 675 份，回收率为 97%。其中男生 213 名，占 31.6%，女生 462 名，占 68.4%，平均年龄 20.4 ± 1.29 岁。

① 数据摘自：肖燕，《优柔寡断特质对不作为惯性的影响》，湖南师范大学硕士学位论文，2012.

2. 研究工具

Germeijs 和 De Boeck 优柔寡断量表。在征得原作者同意的情况下，由心理学和英语专业的研究生合作，采用完全双盲的方法对 Germeijs 和 De Boeck 优柔寡断量表进行英译中的翻译和回译，并进行预试，形成了该优柔寡断量表的中文版（见附录二）。该量表共 22 个题目，包含了 11 个方面：困难、不知道如何做、感觉不确定、花费很长时间、延迟、回避、留给他人、再三考虑、担心、后悔以及自称犹豫不决。量表所有的题目均采用 7 点计分（0= 非常不同意；1= 不同意；2= 有点不同意；3= 不确定；4= 有点同意；5= 同意；6= 非常同意）。其中第 1、4、6、7、10、12、14、16、17、19、22 题为反向记分。量表总分越高，表明个体的优柔寡断倾向越高。

自尊量表。由 Rosenberg 于 1965 年编制的自尊量表（Self-esteem Scale）是一个用来测量青少年关于自我价值和自我接纳总体感受的自陈量表，是目前我国心理学界使用最多的自尊测量工具。该量表采用4点计分（1= 非常符合；2= 符合；3= 不符合；4= 非常不符合），共 10 个题目，其中第 3、5、8、9、10 题为反向计分。量表总分越高，表明个体的自尊心越强。

特质焦虑量表（STAI-TAI 分量表）。特质焦虑量表是由 Spielberger 等人编制。该特质焦虑量表为自陈量表，由两个分表组成，共 40 个项目，前 20 个项目评定状态焦虑，后 20 个项目评定特质焦虑，均为 4 点计分（1= 从不；2= 有时；3= 经常；4= 总是）。本研究采用后 20 个评定特质焦虑的条目，得分越高，表明其特质焦虑水平越高。

（三）结果分析

1. 信度分析

内部一致性信度。统计分析表明，该量表的总体内部一致性系数（α 系数）为 0.828，表示该量表具有较好的信度。

重测信度。收集重测信度的被试为 50 名大学生，其中女性 24 名，男性 26 名，平均年龄为 21.8 ± 1.2 岁。第一次施测后间隔两周进行重测。相关分析表明，该量表的重测信度为 0.802，说明量表具有较高的重测信度。

2. 效标关联效度

效标关联效度是指测验分数与某一外部效标间的一致性程度。特质焦虑是优柔寡断者最重要的人格特质之一，优柔寡断者也通常具有低自尊和低自信等特征。因此，本研究将特质焦虑量表、自尊量表作为优柔寡断量表的关联效标。收集效标效度的被试为 70 人，其中女性 37 名，男性 33 名，平均年龄为 21.5 ± 1.5 岁。以优柔寡断量表、特质焦虑量表和自尊量表为工具，研究优柔寡断与特质焦虑、自尊之间的相关。结果发现，优柔寡断量表与特质焦虑量表和自尊量表的效标关联效度分别为 0.526（$p < 0.01$）和 0.412（$p < 0.01$）。结果表明，该优柔寡断特质量表具有较好的效标关联效度。

（四）小结

从内部一致性系数的结果来看，整个量表的内部一致性和重测信度较高，因此，该量表具有较高的信度；与特质焦虑量表、自尊量表的高相关性说明优柔寡断量表具有较好的效标关联效度；本研究初步表明，中文版 Germeiji 和 De Boeck 优柔寡断量表具有良好的信度和效度。

三、墨尔本决策量表的中国化适用性研究

（一）研究背景及目的

应对（Coping）是心理应激的重要中介因素，应对方式对个体的心理健康、社会适应状况等具有重要影响（胡心怡等，2007）。研究者也非常关注如何测量个体在面临困难时的应对方式，目前国内已有多种测量应对方式的量表（姜乾金，1999；谢亚宁，1999），但这些量表主要测量的是

个体的一般性应对风格，不具针对性，而墨尔本决策量表则专门用于测量个体在面临决策冲突时所采取的应对方式。

墨尔本决策量表是 Mann 在弗林德斯决策量表（the Flinders Decision Making Questionnaire，Flinders DMQ）的基础上修订而成的。1997 年 Mann 将 Flinders DMQ 的 31 题削减到 22 题，新量表包括 4 个维度：适度警觉（Vigilance）、过度警觉（Hypervigilance）、延迟（Procrastination）和推卸责任（Buck passing）。适度警觉指决策者会明确决策目标、仔细考虑每个选项并搜索相关的信息，并以一种无偏差的方式理解信息，在做出决策前会认真评价每个可选项；过度警觉指迫于决策压力，决策者会疯狂地寻找摆脱决策困境的途径，冲动地采取任何可能会使自己快速脱离困境的解决方法；延迟指决策者通过拖延时间来回避冲突；逃避责任指通过把决策责任推卸给其他人来逃避冲突。适度警觉是其中唯一一个有利于做出可靠、合理决策的应对方式（Mann et al.，1997）。

目前墨尔本决策量表在国外已被广泛应用于研究中（Ferrari & Dovidio，2000）。因为墨尔本决策量表其中一个维度包含延迟，所以该量表有时也被用来测查个体的优柔寡断倾向。例如，研究者考察了决策冲突应对风格对个体决策行为的影响，结果发现，延迟倾向高的个体在做决定前需要更高的确定性，表现出个体会在最终所选择的可选项上花费更多的时间（Ferrari & Dovidio，2000）。另外，研究者也考察了决策冲突应对风格与其他人格变量的关系。结果发现，延迟维度与认知性失败（Cognitive Failure）和神经质存在显著正相关，而与外向性和自尊感存在显著负相关（Di Fabio，2006）。

本研究旨在对墨尔本决策量表进行中国化的适用性研究。墨尔本决策量表的引入将为国内关于应对以及优柔寡断倾向领域的研究提供重要的研究工具，对于深入理解中国人的决策冲突应对风格及改善其决策质量、心理健康和适应状况具有重要意义。

（二）研究方法

1. 研究对象

选取湖南地区 660 名大学生，回收有效问卷 647 份，有效率为 98.03%；其中男生 228 名，占 35.2%，女生 419 名，占 64.8%，平均年龄为 20.3 ± 1.4 岁；其中理工类 258 人（39.9%），文史类 389 人（60.1%）。

2. 研究工具

中文版墨尔本决策量表。在征得原版量表作者的同意下，首先采用完全双盲的方法对墨尔本决策量表进行英译中的翻译和回译，并基于多次预试，形成了中文版墨尔本决策量表（见附录三）。其中适度警觉和推卸责任维度各包括 6 个项目，过度警觉和延迟选择维度各包括 5 个项目，整个问卷共 22 个项目，采用 3 级评分（0= 不符合、1= 有时符合、3= 符合）。

简易应对方式问卷。选用简易应对方式问卷（谢亚宁，1999）作为效标，该问卷共 20 个题目，采用 4 级（0 ～ 3）评分，分为积极和消极应对两因子。

（三）结果分析

1. 内部一致性信度

适度警觉、延迟、过度警觉和推卸责任各维度的内部一致性信度分别为 0.627、0.677、0.572 和 0.714。除了过度警觉维度的内部一致性较低外，其他维度均在 0.6 以上。

2. 项目分析

通过分析该量表各项目与所属维度的相关性来考察中文版墨尔本决策量表的结构（见表 2–4），各项目与所属维度的相关性在 0.499 ～ 0.719 之间，远高于与其他维度间的相关性。

表 2-4　各项目与所属维度的相关（*r*）

因子	适度警觉						延迟				
题项	1	3	5	7	11	17	2	9	10	15	22
适度	0.499**	0.585**	0.655**	0.612**	0.590**	0.598**	–0.006	0.024	0.018	–0.072	–0.151**
延迟	–0.181**	0.031	0.038	–0.037	–0.139**	0.044	0.642**	0.663**	0.719**	0.625**	0.652**
过度	–0.123**	0.035	0.144**	–0.013	–0.050	0.113**	0.242**	0.355**	0.329**	0.258**	0.250**
推卸	–0.193**	–0.028	0.057	–0.040	–0.116**	0.013	0.325**	0.331**	0.342**	0.411**	0.269**
因子	推卸责任						过度警觉				
题项	8	12	14	16	18	20	4	6	13	19	21
适度	–0.122**	0.016	0.010	–0.127**	–0.013	–0.055	0.102**	0.055	–0.022	–0.038	0.018
延迟	0.442**	0.256**	0.339**	0.363**	0.208**	0.343**	0.278**	0.264**	0.279**	0.236**	0.260**
过度	0.337**	0.406**	0.315**	0.301**	0.255**	0.293**	0.597**	0.589**	0.615**	0.612**	0.619**
推卸	0.600**	0.618**	0.613**	0.644**	0.673**	0.701**	0.259**	0.305**	0.329**	0.332**	0.279**

3. 效度检验

验证性因素分析。对数据进行验证性因素分析，验证墨尔本决策量表的四因子模型，并与双因子（将延迟、过度警觉和推卸责任维度的项目合为一因子）和单因子模型比较。如表 2–5 所示，四因子的模型拟合指数较理想。

表 2–5　不同模型的拟合指数（*N*=647）

模型	χ^2/ df	*GFI*	*AGFI*	*RMR*	*CFI*	*RMSEA*	90%*CI*
四因子	2.429（497.087/203）	0.935	0.919	0.023	0.868	0.047	0.042 ～ 0.052
二因子	2.907（604.748/208）	0.917	0.899	0.025	0.832	0.054	0.049 ～ 0.059
单因子	4.420（923.714/209）	0.863	0.834	0.032	0.675	0.073	0.068 ～ 0.078

效标关联效度。选用简易应对方式问卷作为效标，该问卷分为积极和消极应对两个因子，共 105 名大学生参与了效标效度的检测，其中 50 名男生，55 名女生。结果发现，适度警觉和积极应对的相关系数为 0.436，延迟、过度警觉、推卸责任和消极应对的相关系数在 0.308 ～ 0.405 之间（见表 2–6）。

表 2–6　墨尔本决策量表与简易应对方式问卷的相关分析（*n*=105）

模型	χ^2/df	*GFI*	*AGFI*	*RMR*	*CFI*	*RMSEA*	90%*CI*
四因子	2.429（497.087/203）	0.935	0.919	0.023	0.868	0.047	0.042 ～ 0.052
二因子	2.907（604.748/208）	0.917	0.899	0.025	0.832	0.054	0.049 ～ 0.059
单因子	4.420（923.714/209）	0.863	0.834	0.032	0.675	0.073	0.068 ～ 0.078

4. 墨尔本决策量表各维度间的相关

墨尔本决策量表各维度的相关见表 2–7，适度警觉维度和其他维度呈弱相关，延迟、过度警觉和推卸责任维度间呈显著正相关。

表 2–7 墨尔本决策量表各维度的相关性

墨尔本决策量表各维度	积极应对	消极应对
适度警觉	0.436**	0.027
延迟	–0.026	0.405**
过度警觉	–0.132	0.335**
推卸责任	–0.092	0.308**

（四）小结

本研究中墨尔本决策量表各维度的 α 系数在 0.572 ～ 0.714 之间，其中过度警觉维度的内部一致性偏低。未来的研究需要进一步提高过度警觉的内部一致性。项目分析结果表明，各项目与所属维度的相关性高于其他维度，体现了该量表在项目编制上的合理性。验证性因素分析表明，四因子模型各项拟合指数较理想，说明该量表的结构效度较好。在墨尔本决策量表中，适度警觉是其中唯一一个有助于做出积极合理决策的应对方式。结果也显示，适度警觉和积极应对呈显著正相关，而延迟、过度警觉、推卸责任和消极应对维度呈显著正相关，说明墨尔本决策量表具有很好的效标效度。适度警觉这一积极应对方式与三种消极应对方式之间均呈弱相关，说明积极和消极应对方式很可能并非一个维度上的两极，而是相互独立的关系。

第三章　优柔寡断特质与其他人格变量的关系

一、优柔寡断特质与其他人格变量的关系研究

优柔寡断特质与很多其他人格变量存在密切关系。例如，在正常人群中，优柔寡断特质与神经质（Neuroticism）（Jackson，Furnham，& Lawty-Jones，1999；Germeijs & Verschueren，2011b）、完美主义（Perfectionism）、囤积行为（Hoarding）、拖延（Procrastination）、强迫倾向（Obsessive-compulsive tendencies）（Frost & Shows，1993；Frost et al.，2011；Gayton et al.，1994；Rassin & Muris，2005b）、后悔倾向（Spunt，Rassin，& Epstein，2009）、决策回避倾向、过度担忧、抑郁、焦虑等特质具有密切关系（Rassin et al.，2007），且高优柔寡断者对生活的满意度也会更低（Rassin & Muris，2005b）。在临床病例中，该特质往往会与抑郁症、强迫症及依赖性人格障碍等心理疾病相关联（Frost & Shows，1993）。

优柔寡断是强迫症诊断中的关键指标之一，强迫症患者追求完美，只有当他们自认为自己的行动无懈可击，可以完全掌控自己当前的环境时才会采取行动，但现实生活中这种绝对确定的情况却较少存在。这种对确定性的过度需求是强迫性神经官能症的主要成因。正是因为强迫症患者对不

确定性的低容忍度，导致其倾向于通过推迟或回避决策以降低出错的风险。可以说，强迫症或强迫倾向与优柔寡断特质的密切关系，主要源自强迫症或强迫倾向个体的高完美主义倾向，这类个体具有追求完美的信念，过度强调避免犯错，将犯错等同于失败，这些特点将导致强迫症患者做决策时更加谨慎，以尽量回避错误。

优柔寡断与完美主义倾向关系密切（Frost & Shows，1993），尤其是与完美主义倾向中的对错误的关注以及对行动的怀疑维度相关。另外，优柔寡断也与囤积倾向关系密切（Frost & Shows，1993）。囤积症是一种过度收集、购买，以及无法丢弃物品的强迫性行为，这种行为无关乎物品的价值。囤积行为主要缘于个体对未来需求的犹豫不决，总是担心自己丢弃的物品将来可能会用到，这些倾向与个体的优柔寡断特质有较大关系。

优柔寡断特质与冲动性的关系也非常有趣。从常识来看，优柔寡断特质与冲动性呈负相关，但 Barkley-Levenson 和 Fox（2016）的研究发现，这两种特质之间呈显著正相关。研究者认为这可能缘于二者都体现了个体在做决策时试图回避负性情绪的意愿，即通过盲目决策或推迟决策，以避免在决策中因谨慎思考而可能会体验到的焦虑、压制与心理冲突。进一步分析表明，优柔寡断特质与功能障碍性冲动（Dysfunctional Impulsivity，即个体在需要谨慎思考的时候鲁莽行事）成正相关，但与功能性冲动（Functional Impulsivity，即个体在需要快速决定的时候能够当机立断）成负相关。

既然优柔寡断特质与其他很多重要的人格变量具有密切关系，那么是否还有必要单独提出优柔寡断特质的概念呢？最近研究者发现，在控制了一些核心的人格变量（如大五人格和焦虑特质）后，优柔寡断特质仍会对个体的专业或职业选择产生显著影响（Germeijs & Verschueren，2011b）。另外，通过探索性和验证性因素分析，研究者发现，优柔寡断特质和焦虑特质是两个不同的、可分离的概念（Germeijs & Verschueren，2010a）。相关研究指出，作为一种对个体的诸多心理和行为（尤其是决策行为）具有重要影响的特质，优柔寡断特质值得重点关注并应有其独立地位。

二、优柔寡断特质与大五人格的关系[①]

（一）研究目的

大五人格是标示人格变量的一个重要模型，大五人格量表是国际上广泛使用的人格测验工具，已有多种文字的版本。在中国文化背景下探讨优柔寡断特质与大五人格不同维度的关系，将有助于我们更好地理解优柔寡断特质。

（二）研究对象

随机选取 65 位大学生，其中男生 23 名，占 35.5%，女生 43 名，占 64.6%，平均年龄为 19.9 ± 1.68 岁。

（三）研究工具

Frost 和 Shows 优柔寡断量表。采用前文中修订的 Frost 和 Shows 优柔寡断量表测查个体的优柔寡断特质。该量表包括 11 个项目，涉及困难、自信、焦虑、拖延和后悔等方面。包括厌恶性和回避性优柔寡断两个维度。其中厌恶性优柔寡断维度指个体在做决策或评价决策情景时，具有威胁性认知偏向和负性情绪体验的倾向；回避性优柔寡断指个体的一种回避决策以及做决策时会体验到困难的倾向。

大五人格量表。大五人格量表是由美国加州大学伯克利分校心理学家 Oliver 于 1991 年编制的，用来测量人格的五个维度：外向性、宜人性、神经性、开放性、责任感。外倾性表示热情、自信，有活力，还具有善社交的特性，而内向者的这些表现不突出，但不等于自我中心和缺乏精力。宜人性表示

① 数据摘自：邓婕，《优柔寡断量表在中国大学生群体中的适用性研究》，湖南师范大学硕士学位论文，2012.

利他、友好、富有爱心，得分高的人乐于助人，是可信赖和富有同情心的，注重合作而不强调竞争；得分低的人多抱有敌意，为人多疑，喜欢为了利益和信念而争斗。责任感表示克制和严谨，与成就动机和组织计划有关，也称其为“成就意志”或“工作”维度。神经质维度主要体现了个体情绪的稳定性及情绪调节情况，那些经常感到忧伤、情绪容易波动的人在神经质上的得分偏高。开放性即第五大因素，是指对经验持开放、探求的态度，而不仅仅是一种人际意义上的开放。大五人格量表的 α 系数在 0.75 ～ 0.90 之间，平均在 0.80 以上。间隔三个月的重测信度在 0.80 ～ 0.90 之间，平均为 0.85，因此该量表具有良好的信度，是测量人格差异的有效工具。量表共有 44 个项目，采用 Likert 5 点计分。

（四）结果分析

如表 3–1 所示，从优柔寡断量表的总分上来看，优柔寡断与大五人格的各维度均呈显著相关，其中与神经质维度的相关最显著，呈显著正相关，与其他维度间则呈显著负相关。通过分析优柔寡断量表两个因子与大五人格五因子之间的关系，研究者发现厌恶维度与宜人性之间存在显著负相关，与神经质存在显著正相关，与其他三个因子间的相关不显著。回避维度与外倾性和开放性间存在显著负相关，与其他三个因子不存在显著关系。

表 3–1　优柔寡断与大五人格之间的相关

优柔寡断	大五人格				
	外倾性	宜人性	责任感	神经质	开放性
厌恶	–0.125	–0.335**	–0.066	0.473**	–0.065
回避	–0.441**	–0.009	–0.190	–0.085	–0.355**
总分	–0.360**	–0.361**	–0.297*	0.382**	–0.324**

注：***$p<0.001$，** $p<0.01$，* $p<0.05$。

（五）小结

优柔寡断与大五人格间存在显著相关，其中与神经质因子的相关最显著，呈显著正相关，与宜人性、开放性、外倾性、责任感之间呈显著负相关，这与前人的研究成果基本一致（Germeijs & Verschueren，2011b）。优柔寡断量表中的厌恶维度与宜人性存在显著负相关，与神经质存在显著正相关，与其他三个因子相关不显著；回避维度与外倾性和开放性间存在显著负相关，与其他三个因子相关不显著。相关结果也体现出优柔寡断二维结构的合理性。

第四章　优柔寡断特质对决策的影响

优柔寡断的概念涉及诸多决策问题。以往研究发现，高优柔寡断者在做决策时会花费更长时间、体验到更大的困难和焦虑感（Frost & Shows，1993）；在决定和判断之前需要获取更多的信息（Rassin et al.，2007）；更倾向于把一些模糊情景解释为“威胁性”事件（Rassin & Muris，2005a）；在对大学专业、职业或一些日常事务的选择中也会体验到更大的困难（Frost & Shows，1993；Gayton et al.，1994；Germeijs & De Boeck，2002）。Germeijs 和 De Boeck（2002）总结了优柔寡断特质在决策中的诸多体现：体验到困难、不知道如何做决策、感受到不确定性、需要更长的时间、拖延、让他人来做决策、推卸责任、反复思考、忧虑、后悔以及自称优柔寡断。还有一些研究者采用实验法从决策过程和决策结果两方面对优柔寡断特质与决策行为的关系进行更为细致深入的探讨。

一、优柔寡断特质对决策的影响

（一）对决策过程的影响

该领域研究通常会采用信息板技术来呈现决策信息并收集决策过程的相关数据。该技术会设置一个由信息单元所组成的矩阵来呈现决策信息，矩阵的行与列分别对应特性和选项；所有选项的信息都被隐藏在卡片下面，只有当被试翻开某卡片时，才可看到其中的信息；看完信息后，卡片会被再次盖上。该技术可以记录每张卡片打开的次数、时间、信息的获得顺序、被选择的项目等（Ferrari & Dovidio，2001）。该领域主要通过三个方面来分析决策过程，即加工深度、加工均衡性及加工模式。需要指出的是，相关研究通常会基于个体在优柔寡断特质量表上的分数，将参与研究的所有被试按照中位数划分为两类：高优柔寡断者和低优柔寡断者，然后对二者在决策行为上的诸多表现进行比较分析。

1. 对加工深度的影响

加工深度指信息被加工的程度，通常用花费的总时间和获取的总信息量（即获取信息的总次数）来衡量。以往研究发现，高优柔寡断者会比低优柔寡断者花费更多的时间来做决策（Rassin et al.，2008；Ferrari & Dovidio，2000），与决策时间的结果类似，研究者也发现高优柔寡断者在最终决定之前需要获取更多的信息（Rassin et al.，2008），这可能由于高优柔寡断者需要更高的确定感才会做出决策。但在一些特殊的情况下，如高认知负荷条件下，高优柔寡断者获取的总信息量会显著少于低优柔寡断者（Ferrari & Dovidio，2001）。另外，也有研究发现，两类个体在决策过程中所获得的总信息量虽无显著差异，但在一些具体方面上差异显著，如对最终所选项目的加工（Ferrari & Dovidio，2000），这就涉及了加工均衡性的问题。

2. 对加工均衡性的影响

加工均衡性指认知资源在各个选项和特性上分配的均衡程度。例如，在最终所选项目上花费的时间或获取的信息量可用来衡量加工均衡性。研究表明，高优柔寡断者在决策过程中会表现出信息隧道视野的特点（Informational Tunnel Vision），即高优柔寡断者会更多地收集其最终所选项目的信息，而忽略其他项目的信息（Ferrari & Dovidio，2000）。Rassin等（2008）通过设置选项间的差异程度来操纵决策难度，选项间的差异越小，则越难以选择。结果发现，不管是在容易还是困难的决策情景下，高优柔寡断者都会表现出信息隧道视野的特点。研究者认为这可能是由于此种聚焦式的加工方式可以使决策者在控制信息获得总量的同时，更好地确定最终所选项目的质量，表现出一种确定性偏误（Confirmation Bias）（Rassin et al.，2008）。

3. 对加工模式的影响

加工模式指信息的加工方式是采用基于选项的加工（Alternative-based）还是基于特性的加工（Attribute-based），前者是指随后获取的信息与前一次的信息属于同一个选项但分属于不同特性，后者是指随后获取的信息与前一次的信息属于同一个特性但分属于不同的选项（Payne，Bettman，& Johnson，1988）。加工模式是衡量决策策略的重要指标，研究者通常会采用基于特性或基于选项的加工比例（用基于特性或基于选项的加工次数除以二者的总和）来衡量加工模式（Patalano，Juhasz，& Dicke，2010）。例如，在决策中采用补偿性策略（Compensatory Strategy）时，决策者会综合考虑所有的维度，不同维度的值可以互相补偿。该策略通常对应于基于选项的加工，是一种理性的加工策略，通常也被视为决策准确性的标准，其准确性较高，但需要较多的认知资源参与。非补偿性策略（Noncompensatory Strategy）通常与基于特性的加工过程相联系，只需要较少的认知资源，但其准确性受到质疑（Payne et al.，1988）。

以往研究对于高优柔寡断者在决策过程中的加工模式特点存在争议，如 Ferrari 和 Dovidio（2001）发现在高认知负荷条件下，高优柔寡断者比低优柔寡断者会更多地进行基于特性的加工。而 Patalano 和 Wengrovitz（2007）则发现高优柔寡断者会更多地进行基于选项的加工。Patalano 等（2010）运用眼动技术着重考察了不同个体在整个决策过程中的加工模式，用基于特性的加工比例作为衡量加工模式的指标。结果发现，整体上高优柔寡断者和低优柔寡断者的加工模式并无显著差异。研究者进一步把每位被试的决策过程按时间平分为前后两个阶段。结果发现，在第一阶段，高优柔寡断者会比低优柔寡断者更多地进行基于选项的加工，但在第二阶段，两类个体的加工模式并无显著差异。数据显示，这种无显著差异的结果主要缘于高优柔寡断者在第二阶段会大幅提高基于特性的加工量，尤其会着重比较两个中意项目的不同特性，以做出最终选择。这一发现可在一定程度上解释以往的矛盾结果，如在 Ferrari 和 Dovidio（2001）的研究中，高认知负荷可能会促使高优柔寡断者较早地向第二阶段转化。而 Patalano 和 Wengrovitz（2007）主要收集的是决策过程早期的数据。

（二）优柔寡断特质对决策结果的影响

相关研究表明，优柔寡断特质对决策过程具有重要影响，但很多研究却发现优柔寡断特质对最终的选择结果和选择质量并无显著影响。如 Rassin 等（2008）发现高优柔寡断者和低优柔寡断者在最终所选项目的质量上并无显著差异。Patalano 等（2010）也发现两类个体的最终选择无显著差异，而在有延迟选项条件下，二者对延迟选项的选择上也无显著差异。

Patalano 和 Wengrovitz（2007）则重点考察了不同风险条件下，个体对延迟选项的选择倾向。研究模拟了一个可延续 5 天的大学课程选择过程，第一天出现 5 门课程，以后每天又会出现 2 门新课。被试可以在当天的课程中选择一门，也可选择延迟到下一天，但到第 5 天选课任务要结束时必须要选择其中一门课程。实验同时操纵了与延迟相关的风险水平，包括有风险和无风险两种条件，在有风险条件下，如果延迟到下一天意味可能会损失目前的课程，共有 2 门课程会在 5 天的选课过程中损失。以被试最终选择了某门课程所搜索的天数作为因变量，考察被试的延迟选择倾向。结果发现，与无风险条件相比，低优柔寡断者在有风险条件下的延迟选择倾向会显著降低，但高优柔寡断者在有、无风险两种条件下的延迟选择倾向无显著差异，体现了高优柔寡断者对与延迟相关的风险更不敏感。另外，从决策质量上分析，在有风险条件下，高优柔寡断者对最佳选项的选择比例会显著小于低优柔寡断者。

（三）小结

综上所述，高优柔寡断者的决策特点可总结如下：在决策过程中，高优柔寡断者通常会进行更深层的加工，这一倾向尤其表现在最终所选项目上。决策者会在决策过程早期更多地进行基于选项的加工，先综合考虑各不同选项，而后期会重点比较几个中意选项的不同特性，这些特点可能说明更具完美主义倾向的高优柔寡断者在决策中会坚持最大化原则，致力于做出最佳的选择，因此整个选择过程也更追求理性（Patalano et al.，2010）。从决策结果上看，一般情况下，高优柔寡断者的最终决策质量并不低于低优柔寡断者（Rassin et al.，2008）。但是也要看到，高优柔寡断者在决策中会秉持最大化原则，但这种对最佳选择的强烈渴求却通常难以得到满足，所以高优柔寡断者在决策中会承受更多的压力，从而导致这类个体很容易在决策过程中体验到更大的困难、不确定感、焦虑和后悔等，在决策后对自己的选择会更加不自信，因此也更容易改变决定（Rassin，2007；Germeijs & Verschueren，2011a）。另外，研究者也发现，高优柔寡断者可能更不善于应对一些特殊的决策情景，例如，在高风险条件下，高优柔寡断者会显得更不理性，决策质量也会降低（Patalano & Wengrovitz，2007）。在高认知负荷条件下，决策者不仅在决策过程中会变得更不理性，对自己的决策也更不自信（Ferrari & Dovidio，2001）。

二、优柔寡断特质与职业决策困难的关系研究①

（一）研究背景及目的

职业决策是个体一生中所要面临的最重要且最困难的决策之一。该类决策涉及很多需要考虑的因素，例如自身的技术与能力、生活目标、职业偏好、平衡自身及重要他人的期待以及各种不确定性。职业决策困难主要

① 数据摘自：邓婕，《优柔寡断量表在中国大学生群体中的适用性研究》，湖南师范大学硕士学位论文，2012.

限定于个体在职业决策时所体验到决策困难，也可以说是个体在生命历程中的某个阶段中所必须经历的决策体验。而优柔寡断特质则被用于标示个体在任何决策领域，都易于体验到决策困难的倾向，属于一种个体特质。它们是两个既相关又具有差异的概念（Germeijs & De Boeck，2002）。例如，有研究发现职业决策困难与情绪智力最相关，而优柔寡断特质主要与情绪稳定性最相关（Fabio et al.，2013）。本研究旨在探讨这两种决策困难不同维度间的相关关系，明确二者之间的共同性和差异性。

（二）研究方法

1. 研究对象

随机选取 61 名大学生，其中男生 22 名，占 36.1%，女生 39 名，占 63.9%，平均年龄为 19.4 ± 0.96 岁。

2. 研究工具

Frost 和 Shows 版优柔寡断量表。采用前文中修订的 Frost 和 Shows 优柔寡断量表测查个体的优柔寡断特质。该量表包括 11 个项目，涉及困难、自信、焦虑、拖延和后悔等方面，包括厌恶性和回避性优柔寡断两个维度。其中厌恶性优柔寡断维度指个体在做决策或评价决策情景时，具有威胁性认知偏向和负性情绪体验的倾向；回避性优柔寡断指个体的一种回避决策以及做决策时会体验到困难的倾向。

职业决策困难问卷（Career Decision-making Difficulties Questionnaire，CDDQ）。由 Gati 等人于 1996 年编制，国内学者周洁翻译并修订，包含 34 个项目，由缺乏准备、缺乏信息和不一致信息三个因子组成。其中缺乏准备包含缺乏动机、不合理信念和犹豫不决 3 个因子；缺乏信息包括缺乏职业决策过程的知识、缺乏关于自我的信息、缺乏关于职业的信息和缺乏获取信息的方式 4 个因子；不一致性信息包括不可靠信息、内部冲突和外部冲突 3 个因子。国内研究者周洁（2008）对该量表进行适用性研究，得出 CDDQ 总量表的内部一致性为 0.908，各分量表的内部一致性分别为：

缺乏准备维度 0.628，缺乏信息维度 0.913，不一致信息维度 0.848。验证性因素分析结果显示，总量表和三个分量表的结构是清晰的，模型拟合较好。因此，该量表具有较好的信效度。

（三）结果分析

优柔寡断量表与职业决策困难量表及其不同维度的相关性见表 4–2。

表 4–2 优柔寡断与职业决策困难间的相关性

维度	缺乏准备	缺乏信息	信息不一致
回避	0.050	0.242	0.224
厌恶	0.398**	0.318*	0.185
总分	0.458**	0.422**	0.310*

注：***p<0.001，** p<0.01，*p<0.05。

（四）小结

优柔寡断与职业决策困难不同维度间存在显著正相关，其中优柔寡断与缺乏准备维度的相关性最高；从各维度的相关性上来看，优柔寡断量表中的厌恶因子与缺乏准备和缺乏信息这两个维度间存在显著相关，回避因子与职业决策困难的三个维度间不存在显著相关；相关结果体现出优柔寡断与职业决策困难之间既相关又各有区别的关系。

第五章　优柔寡断模型及研究展望

一、优柔寡断的心理模型及启示

为了更清晰地阐述优柔寡断特质的概念框架，Rassin（2007）基于以往涉及优柔寡断特质的不同研究提出了一个优柔寡断特质模型（见图 5-1）。该模型起始于优柔寡断特质的易感因素，如最大化、补偿性决策策略以及对不确定性的低容忍度可分别影响信息匮乏感、评估问题和对结果的不确性。另外，性别和年龄也可能会影响个体的优柔寡断特性，正如有研究发现，女性可能比男性更优柔寡断。研究者发现，对于年龄而言，在 16—55 岁的这个研究样本中，随着年龄的增长，优柔寡断倾向会降低（Rassin & Muris，2005b）。其次，感知因素是由 Germeijs 和 De Boeck（2003）在探讨职业决策困难时提出来的，信息匮乏、评价问题和对结果的不确定性可分别用"我不清楚两个选项间的区别""两个选项的吸引力是相等的""我不清楚选择一个项目后的最终结果"等项目来测查。

调节变量主要涉及时间压力和决策重要性。以往研究者提出"与不太重要的决策相比（如去哪家餐馆），个体更有可能拖延一些重要的决策（如是否结婚）"（Migram & Tenne，2000）。在研究中，被试会报告当面临重要的决策时，他 / 她们会花费更长的时间，面临更大的决策困难，也会更为紧张。对于时间压力，Dhar 和 Nowlis（1999）发现时间压力可以对很多行为产生影响，如延迟行为。在一个选择电话品牌的任务中，研究者对时间压力（45 秒 vs. 无时间压力）和冲突水平（选项间的吸引力差异小大）进行了操纵。结果发现，在相对吸引力差异大（即决策冲突低）的条件下，时间压力对个体的延迟选择无显著影响。当选项间的相对吸引力差异小时，时间压力会影响个体的延迟选择，个体的延迟倾向从无时间压力条件下的 36%，降低到了有时间压力条件下的 22%。

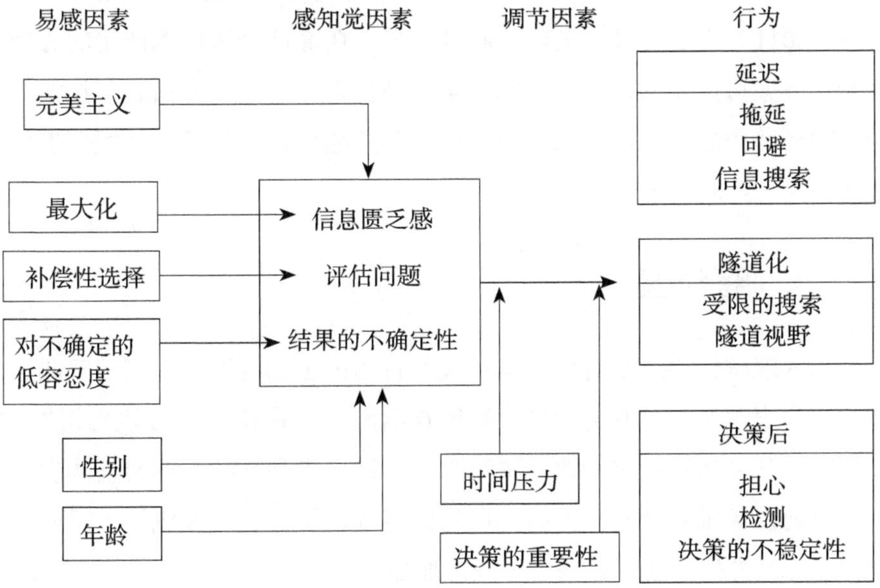

图 5-1　优柔寡断特质的心理模型（Rassin，2007）

该模型综合描述了优柔寡断特质的成因、后果及调节变量，有助于我们从不同方面理解优柔寡断特质的前因后果，这对于未来研究也具有重要的启示意义。但该模型也存在一些缺陷，如该模型更多地描述了与优柔寡断特质相关的理性因素。尽管感知过程与认知及情绪都相关，但该模型更多地强调了理性认知过程，而优柔寡断特质不仅与认知性的决策困难有关，也与个体的紧张、焦虑和抑郁情绪相关。

同时，该模型也对如何干预个体的优柔寡断特质提供了参考意见。首先，可改变个体关键性的感知因素，如通过降低最大化倾向、提高非补偿性策略的运用以及学会适应不确定性环境来降低个体在决策时的优柔寡断倾向。另外，个体可以学习如何在信息不完整的情况下做出决策，也应该学会权衡决策错误与决策拖延，某些决策失误是可以接受的，而一直拖延决策会使个体堆积很多事情，导致个体压力倍增，甚至丧失良机。

除了上述措施，有研究发现，在群体决策下，优柔寡断特质对决策过程及决策信心的影响力趋于消失。该研究也说明，与决策有关的适当社会支持将有助于降低优柔寡断特质对个体决策的负面影响（Patalano & Le Clair，2011）。以往研究发现，通过一套旨在降低个体焦虑情绪的心理教育干预方案可成功地改善个体的优柔寡断倾向。这些干预措施包括如何在紧张的环境中通过控制自己的身体以达到放松状态，以及如何根据事件的优先性来分配时间（Kaya，2015）。

二、研究展望

深入理解优柔寡断特质及其对决策行为的影响有助于人们理解此类个体的行为表现及其具有普遍性决策困难的原因，有利于研究者提出决策辅助措施并帮助决策困难者改善决策水平，进而提高该类人群的整体生活质量。目前，优柔寡断特质的研究虽然已经取得了许多研究成果，但该领域在很多方面的研究还不够深入，亟待加强。

首先，以往大多数研究者认为优柔寡断具有单维结构，但优柔寡断的概念涉及了决策行为中的诸多方面，那么这样一个复杂的概念却只有单维结构是否恰当呢？优柔寡断者难以决策或回避决策应该有其不同的表现，如有的人可能主要表现在情绪上，如面对决策时会焦虑、害怕失败和后悔。而有的人则可能主要表现在认知上，如不能快速地做出决定或者不善于权衡各种信息而难以选择。但目前的单维量表却难以对不同的优柔寡断者进行分类，以区别对待。未来研究应深入探讨优柔寡断特质的内部结构，这将有助于人们从多个方面来理解这一重要的特质。例如，Spunt 等（2009）提出优柔寡断特质具有厌恶性（威胁性认知和负性情绪体验的倾向）和回避性优柔寡断（回避决策以及做决策时会体验到困难的倾向）的两维结构，该两维结构的区分加深了人们对此特质的理解，但未来还需更多的研究来探讨优柔寡断特质可能具有的多维结构。

其次，在界定优柔寡断概念的时候，研究者指出高优柔寡断者在决策过程中和决策后会体验到更多的负性情绪，如焦虑、后悔等（Germeijs & DeBoeck，2002），但相关研究却很少考察个体的情绪体验。未来该领域的研究可考虑引入情绪性权衡困难下的决策行为的研究思路来测量个体在决策过程中及决策后的情绪体验（李晓明、傅小兰，2004），以加强该方面的研究。

再次，相关研究发现，一般情况下高优柔寡断者在决策过程中会表现得更理性，决策质量也不差。这种结果很可能缘于相关研究是在正常人群中区分出了高优柔寡断者和低优柔寡断者，然后对其进行比较。但这类个体在优柔寡断特质上往往表现得并不极端，如果将相关研究扩展到临床病例这样一些更极端的人群中去，结果很可能就会有所差异，未来可考虑加强此方面的研究。另外，这种结果也可能与相关研究采用的决策任务比较简单或信息呈现方式相对结构化有关。例如，以往研究发现，在一些特殊的决策情景下，如在高风险条件下，高优柔寡断者会显得更不理性，决策质量也将降低（Patalano & Wengrovitz，2007）。未来研究可考虑引入更多的决策情景变量，如时间压力、信息呈现方式或权衡困难程度等，以考察在不同决策情景下，优柔寡断特质对个体决策行为的影响。

然后，研究者普遍认为高优柔寡断者具有回避决策的倾向（Germeijs & DeBoeck，2002）。但目前的研究主要探讨了优柔寡断特质对延迟倾向的影响，对其他决策回避行为却缺乏研究，例如，不作为惰性（Inaction Inertia）、忽视和维持现状偏误（Status Quo And Omission Bias），未来研究可进一步将其扩展到其他的决策回避行为上（Anderson，2003；Pittman et al.，2008）。

最后，目前研究者主要探讨了高优柔寡断者的决策特点或其他人格特点，而研究的更高目标是要帮助此类个体切实改善其决策水平。但目前相关研究却较少，那么研究者是否可基于高优柔寡断者的诸多决策特点，设计一些决策辅助措施帮助其改善决策质量呢？例如，可否通过改进信息呈现方式等措施改善高优柔寡断者的决策和判断质量（Kim & Kankanhalli，2009；Visschers et al.，2009）？总之，理解这一重要的人格特质并切实改善有关群体的决策质量，需要来自人格、测量、临床以及行为决策等领域专家的共同努力。

第二编

情景性决策困难

第六章　情景性决策困难的成因

除了第一编提到特质性因素会导致个体难以决策外，在日常生活、消费或投资活动中，因为信息呈现方式不佳、选项过多或选项间的吸引力差异较小、时间压力等情景因素而导致决策困难的现象也很常见。本编把这种因决策选项、决策任务以及决策策略等非特质性的情景因素所导致的决策困难统称为情景性决策困难。这类决策困难对个体的决策过程、决策结果及决策后体验亦具有重要影响。例如，情景性决策困难会导致个体更强的决策回避行为，降低个体在决策后的满意度体验。

研究者曾针对个体的决策回避行为提出理性－情绪模型（Anderson，2003），该模型将情景性决策困难看成是影响决策回避行为及随后决策体验的重要因素之一（如图 6–1 所示）。决策回避行为是指个体通过推迟选择或寻找一个无需行动、无需改变的方式来回避选择的行为。决策回避行为在日常生活中很常见，但这种行为对于在当前金融危机背景下希望刺激积极消费的国家政策制定者或商家来说，对于希望提高消费者在决策过程中和决策后满意感的市场营销人员来说，对于希望切实提高自身决策质量的普通决策者来说却并非好事。深入探讨该领域的研究将有助于人们理解导致此类情景性决策困难的成因，并可以为如何合理地帮助普通决策者及一些特殊的群体（老年人、计算能力低及优柔寡断的个体）进行有效决策提供重要指导，进而为真正地提高人们的决策满意感或幸福感体验做出贡献。虽然一些个体差异因素（如计算能力和优柔寡断特质）和特定的决策领域（职业决策或医疗决策）也会导致决策困难，但本编将主要从决策选项本身和决策任务要求方面探讨导致情景性决策困难的诸多成因，并提出一些应对措施以提高或改善人们在复杂决策情景下的决策质量和决策体验。

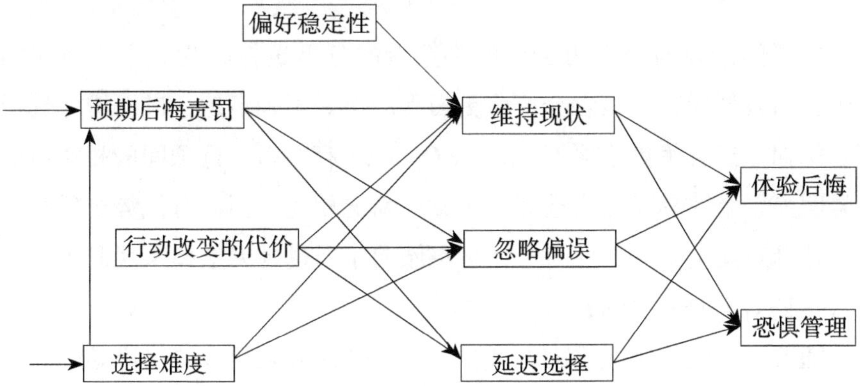

图 6–1　决策回避行为的理性—情绪模型

Anderson（2003）曾总结了可能会影响选择难度的诸多因素，并阐述了这些不同因素如何共同影响选择难度（如图 6–2 所示）。下面我们将综合以往研究，分别从与选项本身相关的因素、与决策任务要求相关的因素及决策策略三方面来介绍情景性决策困难的成因。

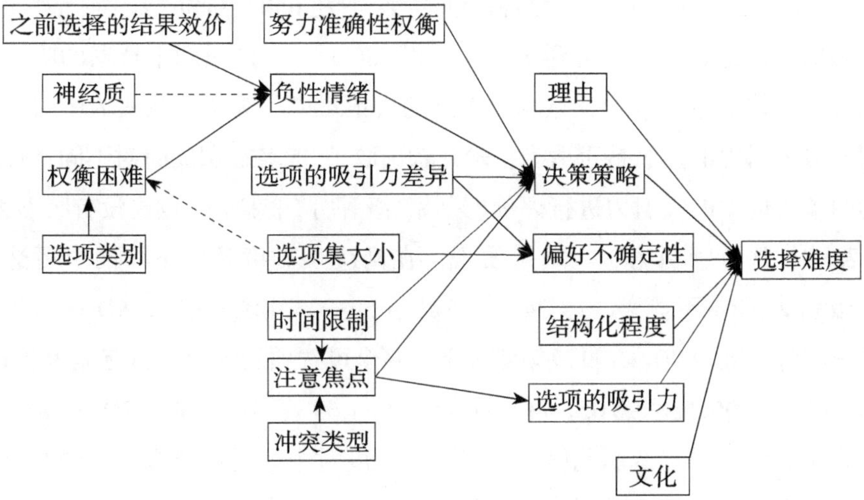

图 6–2　决策困难的成因图（Anderson，2003）。

注：虚线表示该条通路的证据较少或不太确定。

一、与选项本身相关的因素

（一）选项间的相对吸引力

选项间的相对吸引力会影响决策者的延迟选择行为。当选项间的相对吸引力较低时，决策者会产生更强烈的偏好不确定感，进而增加选择难度。例如，当有优势选项（Superior Option）存在时，选项间的相对吸引力差异明显，个体易于做出选择；与此种情况相比，当没有优势选项时，个体的选择难度会增加，此时个体会更倾向于通过延迟选择来规避决策困难（Tversky & Shafir，1992）。

随着选项间相对吸引力的减少，个体会体验到更大的决策难度，并影响其随后的决策行为。例如，在一个租房决策中有 2 个备选房，它们在住房价格和住房距离上有所差异，其他方面则类似。在低难度条件下，两个可选项为“新房一室一厅；单独厨卫；走路 8 分钟可到学校；月租 650 元”和“旧房一室一厅；单独厨卫；走路 10 分钟可到学校；月租 650 元”，此时两个选项的吸引力差异较大。在高难度条件下，两个可选项为“新房一室一厅；单独厨卫；走路 10 分钟可到学校；月租 650 元”和“新房一室一厅；单独厨卫；走路 8 分钟可到学校；月租 680 元”，此时两个选项的吸引力相当，个体会难以取舍，意味着更高的决策难度。为了检测实验中对选项间相对吸引力的操纵是否适当，研究者选取了 35 名被试同时对不同条件下的两个可选项的吸引力进行评价（采用 9 级评分，1 表示一点也没有吸引力，9 表示非常有吸引力）。结果发现，在高决策难度条件下，两个可选项的吸引力差异不显著，$t(34)=1.54$，$p>0.05$，$M_A=6.02$，$SD_A=1.87$ vs. $M_B=5.45$，$SD_B=1.70$。在低决策难度下，两个可选项的吸引力具有显著差异，$t(34)=5.05$，$p<0.05$，$M_A=6.65$，$SD_A=1.59$ vs. $M_B=4.57$，$SD_B=1.90$。在正式实验中，研究者用此材料考察决策难度对个体延迟选择行为的影响。结果发现，相对于选项间吸引力差异大的条件，当选项间的相对吸引力差异小时，个体具有更高的延迟倾向（Li，Ye，& Yang，2017）。

（二）选项信息的呈现方式

以往研究发现，选项的呈现顺序或许可通过改变个体的决策策略而影响决策难度。Dhar（1996）把同样的选项集同时或以序列的方式呈现给被试，结果发现，与逐个呈现选项相比，当同时呈现所有选项时被试会更倾向于延迟选择。这可能是由于被试需要对同时呈现的选项进行更多的特性间权衡，增加了决策难度，从而使其更倾向于延迟选择。

Novemsky 等（2004）曾提出偏好流畅性（Preference Fluency）的概念，以表示个体在决策时所体验到的主观难度体验。研究者发现，选项呈现方式的物理属性可以影响个体的决策难度体验。例如，虽然字体的可读性与决策任务本身的难度无关，但与以标准字体呈现决策信息相比，当信息以一种更难阅读的字体呈现时（如图 6–3），被试会体验到更强的决策困难。研究者选取 35 名被试同时对两种呈现方式下的字体易读性进行评价（9 级评分，1 表示字体很容易阅读，9 表示字体很难阅读）。结果发现，被试会认为标准字体比模糊字体更易于阅读，$t(34)=11.89$，$p<0.001$，$M_{标准}=1.89$，$SD_{标准}=1.79$ vs. $M_{难}=7.03$，$SD_{难}=1.82$。在正式实验中研究者发现，与标准字体相比，当同样的选项用模糊字体呈现时，被试会更倾向于延迟选择（Li et al.，2017）。

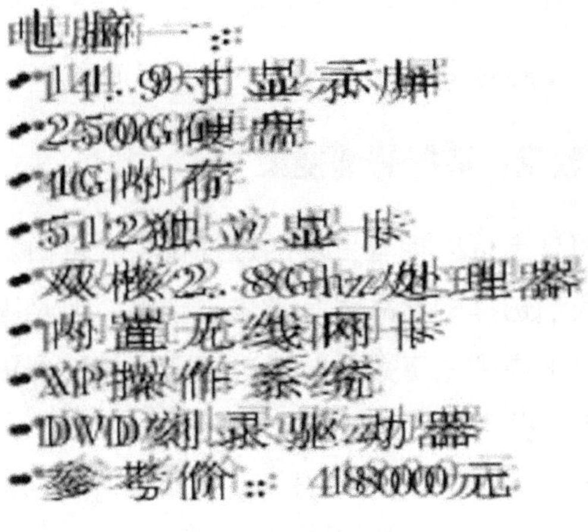

图 6–3　模糊字体

（三）冲突类型

Anderson（2003）提出冲突类型可以影响决策难度。冲突类型主要分为双趋冲突、双避冲突和趋避冲突。双趋冲突指个体在两个积极选项中只能选择其一，如“鱼与熊掌不能兼得”。双避冲突指个体在两个消极选项中必须选择其一，如“前有断崖后有追兵”。通常双趋冲突中的选择难度要低于双避冲突条件。研究者曾通过操纵选项间的独特属性和共同属性的效价来操纵冲突类型（Dhar & Nowlis，1999），当选项间拥有共同的好属性及独特的坏属性时，此时个体在选择过程中所面临的冲突主要为双避冲突。因为此时个体往往会忽视二者的共同属性（好属性），主要基于两选项间的特异属性（坏属性）进行选择，此时被试需要判断更能忍受哪个不好的属性。例如，在一个两选项的租房情景中，两个公寓均具有“崭新的家具”和“有洗碗机和冰箱”这两个共同的好属性，但公寓 A“需要较高的押金且无停车位”，而公寓 B 则“租金较高且要爬 4 层楼”，此时个体如果要在两个公寓中进行选择的话，主要解决的是双避冲突。另一种情况是，两个选项具有共同的坏属性和各自独特的好属性，此时个体会更多地关注独特的好属性，而忽略二者共同的坏属性。例如，如果个体所面临的两套公寓均具有“需要较高的押金且无停车位”这一共同的坏属性，但公寓 A“有全新的整屋地毯和有线彩色电视”，而公寓 B 则有“崭新的家具、有洗碗机和冰箱”，此时个体主要解决的是双趋冲突。

（四）选项数量：选择超载现象

我们往往希望自己可以拥有更多的选择机会和自由，随着现代社会经济的发展，可供我们选择的商品也是越来越丰富。但是决策领域的研究却发现：当产品数目提高到一定数量时，决策者会体验到更多的选择困难，进而延迟消费甚至不做决策，并且决策之后的满意度降低，后悔情绪增加，出现了选择超载（Choice Overload）效应。Jacoby 等（1974）首先在消费领域进行了选择超载的实证研究。他们发现，当给被试呈现过多的商品时，被试反而会做出更差的选择。这可能缘于当信息数量超过一定的临界值时，个体需要花费额外的精力去处理这些信息，最终导致决策质量下降。Iyengar 和 Lepper（2000）在其研究中首先让被试选择是从 6 种果酱还是从 24 种果酱中试吃，然后再从中选择购买哪种果酱。结果发现，与 6 种果酱相比，虽然更多的被试（60%）选择从 24 种果酱中进行试吃，但最后却只有 3% 的人在试吃后选择了购买；而选择从 6 种果酱中试吃的被试（40%）中，有 30% 的人最终选择了购买。Iyengiar 和 Lepper（2000）发现选项过多不仅会降低人们的购买意愿，还会影响个体随后的情绪体验，使个体在决策后体验到更大的挫折感和更强的后悔情绪，对所选项的满意度也会降低。

目前，研究者证实了选择超载现象普遍存在于人们的消费决策中。例如，在网络购物中，过多的选择会导致消费者再次光顾商家的意愿下降（Nagar，2016；Nagar & Gandotra，2016）。在旅游项目的选择上，随着可供选择的旅游项目的地增多，人们对目的地的满意度反而会下降（Thai & Yuksel，2017）。目前关于选择超载的研究非常丰富，也具有重要的应用价值。本书将在第八章中重点讨论因选项过多而导致的选择超载效应。

（五）选项间的权衡：情绪性权衡困难

在决策过程中，当不同的可选项有多个特性，而又没有一个在所有特性上都优于其他选项的主导选项存在时，决策者如果要提高一个特性的值，往往要以牺牲另一特性为代价。例如，为了购买质量更好的品牌电脑，人们宁愿支付更多的钱，或者为了获得高工作稳定性，求职者愿意降低工资待遇。此时，决策者必须对不同的特性进行互相比较，决定孰轻孰重，并将不同特性的值互相转化，即进行权衡（Trade-off）。

权衡是决策行为的重要特点之一，同时也是一种非常复杂的心理过程。影响权衡困难的因素诸多，它们大致可分为两类，即认知性因素和情绪性因素。导致权衡困难的认知性因素有决策任务的复杂性、决策任务中的信息数量、时间压力、信息的呈现方式、某一可选项与其他选项的相似性等（Luce，Bettman，& Payne，2001）。Payne 等在对影响权衡困难的认知性因素进行归纳总结的基础上，指出情绪性因素也会影响权衡困难（Payne，Bettman，& Johnson，1993）。

目前，情绪对决策行为的影响已得到较多研究者的普遍关注（Loewenstein et al.，2001），情绪性权衡困难（Emotional Trade-off Difficulties）已成为一个新的研究热点。情绪性权衡困难是指决策者对与价值目标（Valued Goal）相关的特性（如生命、健康、环保、时间等）进行权衡时，会产生一定程度的负性情绪，从而在情感上难以对不同的特性进行权衡。虽然与当前决策任务无关的情绪（Ambient Moods）也会影响决策行为（Raghunathan & Pham，1999；Jennifer & Keltner，2000；Isen，2001），但其作用异于那些与决策任务相关的情绪（Task-related Emotions）。与决策任务相关的情绪可分为两种：（1）预支情绪（Anticipatory Emotions），即一种由当前决策情景所激发的即时情绪反应，如焦虑、恐惧等；（2）预期情绪（Anticipated Emotions），它不是即时的情绪反应，而是由决策者预期的、伴随某种决策结果在未来将要发生的情绪反应，如预期后悔、预期失望等（Loewenstein et al.，2001）。在权衡过程中所产生的负性情绪属于前者。我们将在第九章中重点介绍情绪性权衡困难的基本理论和研究方法。

二、与决策任务要求相关的因素

（一）决策理由

研究者在实验中有时会要求被试对自己的某项选择或某一偏好提供决策理由。研究者发现，所要求提供的理由数量会通过影响个体的难度体验而影响其最终偏好与决策。例如，Novemsky 等（2004）发现当被试被要求对自己的选择提供 2 条理由时（相比于提供 10 条理由），个体会认为这一决策过程更难，进而会更多地选择推迟。同样，Wnke、Bohner 和 Jurkowitsch（1997）发现当要求被试只提供 1 条宝马车优于奔驰车的理由时（相比于需要提供 10 条理由时），个体会更偏好于宝马车。

这一现象与决策中的易得性启发式（Availability Heuristic）类似。人们在进行判断时常常会依赖于最先想到的经验和信息，并认为这些容易知觉到或回想起来的事件会更经常出现，以此作为判断的依据，这种判断方式被称为易得性启发式。通常情况下，常见的事件要比不常见的事件更容易被记住或者想象出来，所以决策者利用易得性启发式来估计事件发生的频率和概率往往能够简化决策。但也有一些事件之所以更容易被想到，并不是因为这样的事件具有更高的发生概率，而是因为该类事件更容易被提取，或是因为该类事件是刚刚才发生的，也有可能是该类事件掺杂了很多的情绪因素，由此导致一些决策或判断偏差。同样道理，当在决策任务中被要求提供更多的决策理由时，被试会体验到更大的提取困难，从而使其片面地推测自己可能并不喜欢当前选项，进而降低了被试的决策意愿或对目标选项的偏好。

（二）认知负荷

在决策研究中，为了增加决策难度，研究者有时会让被试在完成主要决策任务的同时，执行另一项额外任务，如 8 位数的数字识记任务（Ferrari & Dovidio，2001）。在高认知负荷条件下，个体可以应用于决策任务中的认知资源会受限，个体会感到较大的情景压力，从而导致个体的决策过程及决策质量均会有所变化，尤其是那些特殊的决策者，如高优柔寡断者。正如，在高认知负荷条件下，高优柔寡断者获取的总信息量会显著少于低优柔寡断者（Ferrari & Dovidio，2001），但在低认知负荷条件下，二者差异不显著。

高认知负荷除了可增加决策压力及难度外，也可通过改变个体的加工方式而影响决策。在高认知负荷条件下，个体通常会更多地进行自动化加工，使其选择行为更易受环境线索或直觉所左右，表现出决策中的非理性。例如，对于饮食选择，Shiv 和 Fedorikhin（1999）发现，在高认知负荷条件下（识记 7 个数字）有 63% 的被试选择巧克力蛋糕，而在低认知负荷条件下只有 41% 的人选择巧克力蛋糕，而非水果沙拉。Zimmerman 和

Shimoga（2014）发现，在高认知负荷条件下，个体更容易受食品广告的影响，选择不健康的快餐食品，但在低认知负荷条件下，个体的选择不易受食品广告所影响。

（三）时间压力

除了增加认知负荷外，另外一个常用的增加决策情景压力的方法就是限制决策时间。在有决策时间限制的条件下，决策者会体验到决策压力，进而体验到更大的决策难度。研究者通常会先通过预备实验确定个体完成某一任务所需要的决策时间。例如，张秋棠（2011）在考察时间压力对决策回避行为的影响时，会先随机抽取120名本科生进行无时间压力条件组的实验，并测出他们在无时间压力情况下完成决策题目的时间，并求出平均时间和标准差。取高于平均数一个标准差的值作为高时间压力条件下的时间限制，大约为120秒。该时间既可保证80%～85%的被试都可完成测验，又可给被试造成一定时间压力感。这种方法并非是对时间的严格操控，研究者还可以通过后测来检验这种操控的有效性。即被试在规定时限内完成决策任务后，还需对“当你做选择时感觉到的时间压力有多大？”等问题在9点量表上评分。然后，对有时间压力组和无时间压力组的被试在这些问题上的评分进行差异检验，如果差异显著，则进一步说明该实验对时间压力的操纵是有效的。

个体在决策时的时间压力可改变其情绪体验及决策结果。例如，研究者发现，在高时间压力条件下进行决策时，个体会体验到更高的焦虑情绪，也更容易做出冲动决策（Maule，Hockey，& Bdzola，2000）。这可能缘于时间压力会增加个体的心理压力，会使其更少考虑选项信息和行为后果（Mann & Tan，1993）。另外，时间压力也可影响个体的决策过程，这主要缘于个体会通过改变决策过程来积极应对决策中的这种时间压力。从决策过程上来说，首先，时间压力可以加快个体搜索信息的速度；其次，时间压力可以将被试的注意力更多地集中在几个重要的信息或负面信息上；再次，时间压力可以改变人们的决策策略，在时间压力条件下，个体会更倾向于采取较快的非补偿性策略，这种策略可以帮助个体在较短的时间内做出选择（Dhar & Nowlis，1999）。

三、决策策略

大多数决策中，人们需要考虑很多评价标准，如在选购电脑时，人们需要在价格、质量、品牌和售后服务等众多方面进行考虑。在面临多属性选择时，个体会采用不同的策略来进行决策。通常这些策略可分为补偿性策略（Compensatory Strategy）和非补偿性策略（Non-Compensatory Strategy）。补偿性策略是指，以某一特性的高价值来弥补另一特性的低价值。也就是说，决策者若要提高一个特性的值，往往需要以牺牲另一个特性为代价，即要进行选项间的权衡。例如，现在的研究生考试通常包括笔试和面试两个部分，不同的学校会将笔试成绩和面试成绩赋予不同的权重，然后将笔试和面试成绩加权后得到一个考生的总成绩，再进行择优录取。与补偿性策略相反，非补偿性策略不允许个体在不同特性间进行互相补偿。例如，当面对一些涉及价值目标的特性（如生命、健康、环保、时间等）时，决策者通常难以将其与其他特性（如金钱）进行补偿，所以当采用非补偿性策略时，个体往往会只基于某些或某个维度进行决策。例如，当选择家装材料时，家里有孩子的家长会将材料的环保性作为最重要的决定性维度，该维度难以与其他维度进行相互补偿。采用这些非补偿性策略通常可以使人们能够用较少的时间获得满意的结果，是人类适应社会的一些有效的启发式策略。

通常采用非补偿性策略时，个体的决策难度会降低，进而影响其后续决策。例如，Dhar（1996）通过两个实验考察决策策略对延迟选择行为的影响。结果发现，当要求被试在决策过程中采用强调特性间权衡的非补偿性策略时，其决策难度会增加，从而会使个体更倾向于延迟选择。另一方面，其他因素（如情绪背景）也可能会通过影响个体的决策策略，而改变其决策难度体验，并最终影响个体的决策行为。李晓明和谢佳（2012）

发现，与正性情绪相比，个体在负性情绪下会更倾向于延迟选择。当通过Mouselab技术追踪个体的决策过程时，研究者进一步发现，个体对决策信息的加工深度在偶然情绪对延迟选择的影响中具有中介作用。具体而言，个体在愤怒情绪下会对信息进行更深入、更全面的加工，其搜索变异性（代表加工策略的补偿性）更低，主要采用了基于选项的加工模式，也会认为当前的决策更加困难；而在高兴情绪下，个体会进行更浅层次、更具选择性的加工，其搜索的变异性更高，主要采取了基于特性的加工模式，对决策困难程度的主观评价也更低。因此相比于正性情绪，个体在负性情绪下会采用更深入的非补偿性加工策略，增加了决策难度，进而会提高个体的延迟选择倾向。

另外，Anderson（2003）也指出个体的速度－准确性权衡标准也可影响其决策策略。通常当个体对决策质量要求更高时，他/她们会更多地采取综合考虑选项各属性的补偿性策略，但如果个体只愿付出少量的努力，并且可以接受次优的决策结果时，那么他/她们可能会更倾向于采取耗时较少的非补偿性策略。

第七章　选择超载效应

一、选择超载的概念

（一）选择超载的概念

当我们要做出某种选择之前，如购物、选择餐馆、点菜时，往往希望有更多的选择机会。但当我们真正面临众多选择时，经常会陷入到选择困难的境地，即出现选择超载现象。例如，当你在某购物网站中搜索目标商品时，网站会在屏幕上同时呈现很多选项。当你逐项浏览希望能做出决定时，却会左右徘徊，不知如何选择，感觉自己快要被淹没在这令人眼花缭乱的纷繁信息中，所以向消费者呈现大选项集是一把双刃剑。

直觉上来看，在大选项集中进行选择，消费者会更有机会选择到接近自己购买目标的商品，使消费者体验到更大的选择自由，并提高了购物乐趣，增强了整体的选择满意度。另外，大选项集也可以降低人们对当前可选项能否包含所有可能选项的疑虑和不确定感，所以当从一个可提供众多可选商品的商家中进行选择时，个体会更有信心自己不会遗漏可能的优质选项。

尽管大选集有其优点，但是大选项集也会带来众多缺点。大选项集虽然具有多样性的优势，但也会提高由选择所带来的认知负担，并由此降低人们的购买意愿以及决策后的满意度。本章将重点探讨过多选项对决策所造成的这种负面影响。选择超载是指相对于较小的选择集，当个体面临包含过多选项的大选择集时，会导致更多的负性结果，比如满意度降低、延迟选择、选择后悔程度提高、对自我选择的自信心下降及购买行为减少等。也有研究者称选择超载效应为选择过多效应（Over Choice Effect）（Gourville & Soman，2005）、过多选择问题（the Problem of Too Much Choice）、选择暴政（the Tyranny of Choice）（Schwartz，2004）、过多选择效应（Too-much-choice Effect）（Scheibehenne，Greifeneder，& Todd，2009），这些概念均指由于选项过多而导致的决策困难问题。

Iyengar 和 Lepper（2000）曾让被试从 6 种或 30 种进口巧克力中选择其一。结果发现，从 30 种巧克力中进行选择的消费者会更享受，但同时也报告更高的决策困难和受挫感。有趣的是，相对于面对较小选择集的消费者而言，面对大选择集的消费者对其最终选择的满意度更低。另外，大选择集中只有 12% 的被试选择接受巧克力而不是现金作为参与回报，而小选择集中有 48% 的被试选择了巧克力。在选择超载研究中，选择集的大小操纵是相关研究的关键，但各项研究并没有针对“过多选项”给出明确的操作定义。曾有一项元分析研究指出，以往研究中小选择集的平均项目数为 7，其范围介于 2 到 60 之间。大选择集的平均项目数为 34，少则 10 项，最多可达 300 项（Scheibehenne，Greifeneder，& Todd，2010）。

（二）选择超载效应的行为指标

选择超载是决策者的一种主观状态，并不能被直接观测到，只能反映在一系列的客观行为指标上。目前主要有两种客观指标可用来标示选择超载效应：描述决策者主观感受的主观体验指标和描述决策者的外在可观测的行为指标（Chernev，Bckenholt，& Goodman，2015）。选择超载效应首先可以体现在个体的主观感受上，这包括个体对消费决策的满意度、自信心以及是否会对自己所做出的决策感到后悔。当选择超载效应发生时，被试会报告出更高的决策困难、更低的满意度和决策信心，选择后也会体验到更多的后悔情绪。人们通常会想当然地认为在大选项集中做出选择，会更有可能选择到令人心仪的商品。但事实证明，过量的选项往往意味着需要加工更多的信息，付出更多的认知努力，而人的认知能力有限，由此会降低人们的决策能力，引发决策时的焦虑情绪。同时，过多的选项也意味着更多的权衡、比较和冲突，选择一个商品往往意味着要放弃另一个备选品，这将给消费者带来决策后的不良情绪体验，使他们对自己的最终选择更加不确定，也更容易产生后悔情绪（Carmon，Wertenbroch，& Zeelenberg，2003）。

选择超载效应还可以体现在决策者的决策行为上，这通常包括：延迟选择倾向、对原有决策的坚持程度、对大选项集的偏好程度以及最终选项的性质。相比于没有发生选择超载的个体，选择超载下的个体会试图放弃积极寻求解决方案，转而依赖于默认选项或延迟选择，并且更有可能变换已有选择，更偏好于有较好选择理由的选项。此时个体可能还会出现一些简化决策的举动，如个体更加偏爱易于分辨、评估和比较的商品，而主动放弃那些属性数较多且难以选择的商品集（Chernev，2006）。

二、选择超载效应的产生机制

（一）认知负荷解释

认知资源理论认为人的各种认知加工活动均需要消耗认知资源，若所需的认知资源超出个体所拥有的资源总量，就会引起资源的分配不足，从而影响认知加工效率，这种情况被称为认知超载（Cognition Overload）。在选择过程中，当个体面临较大的选择集时，往往需要对多种选项及其属性进行比较和权衡。此外，当选项增多时，与原有的选项集相比，商品间的相似性可能会提高，这就使得它们之间的比较和判断过程更不容易，从而需要更多的认知资源。如果所需的认知资源超出了个体所拥有的认知资源总量，就会导致个体感到认知资源的超负荷，从而体验到强烈的决策困难以及由此产生的紧张和焦虑情绪。正如，在 Jacoby 等（1974）的实验中，从大选项集中购买商品的被试会报告称“需要评估这么多信息，实在太累了”。

（二）期望不符解释

期望不符理论认为当预期结果与实际结果不符时，个体会有挫败感，同时满意度也会降低。基于该理论 Diehl 和 Lamberton（2010）提出了选择超负荷效应的期望作用解释。正如，直观来看，大的选项集更具多样性，也意味着更多的选择机会，更有可能选到自己满意的物品。因此在大选项集条件下，个体对选择结果会有更高的预期，但过高的期望往往会带来相反的结果，有时个体所预期的好处并不存在或者并未达到其所预期的水平。因此当面临大的选择集时，过高的期望与实际收益间的差异会导致决策者的满意度降低。

（三）负性情绪解释

大选项集中所涉及的过多比较和权衡会引发决策者更多的负性情绪，这也是造成选择超载现象的重要原因。一方面，当个体面临过多选择时，往往需要承受更多的心理冲突、不适和不自信，决策者的“不知道哪个商品才是正确选择”时所体验到的强烈沮丧感及不确定感，是出现选择超载效应的重要原因。另一方面，大选项集中商品的吸引力差异更小，这会使得消费者事后反复比较其他未被选择的优质选项，从而产生更多的后悔情绪，进而影响消费体验（Chernev & Gal，2010）。

后悔是与决策密切相关的一种负性情绪体验，人类具有一种避免在决策中体验预期后悔情绪的倾向，旨在使决策的预期后悔情绪最小化（Bell，1982）。Gourville 和 Soman（2005）对选择超载效应的后悔情绪进行了研究。在研究中，研究者通过所选商品是否可退换来操纵被试的预期后悔，其中不可退换组的预期后悔程度要高于可退换组。结果发现，选项数目与预期后悔程度之间存在显著的交互作用；在可退换组，被试的购买行为会随着选项数目的增加而增加；在不可退还组，结果正好相反，当增加选项数目时被试的购买行为反而会降低。

通过上述分析，应该说认知因素和情绪因素会共同影响选择超载效应。在决策前对大选项集的高预期可能会导致预期与现实不符，进而引发选择超载效应。在决策过程中，当决策者需要对不同选项及其属性进行评估和比较时，过多选项所带来的认知资源损耗也会使决策者难以在大选项集中进行选择，同时在这一艰难的决策过程中个体可能会体验到沮丧、丧失信心等负性情绪，这会影响到决策者的决策意愿，进一步推动选择超载效应的产生。此外，对选择后预期后悔情绪的规避也可能是导致选择超载现象的重要原因。

三、影响选择超载的调节变量

Chernev 等（2015）曾基于以往研究，提出了一个综合性的模型以探讨影响选择超载效应的调节变量。该研究共总结了 4 类调节变量，其中 2 类属于标示决策问题的外部因素：任务因素（Task Factors）和背景因素（Context factors），还有两类属于标示个体经验和动机的内部因素：偏好的不确定性和决策目标。

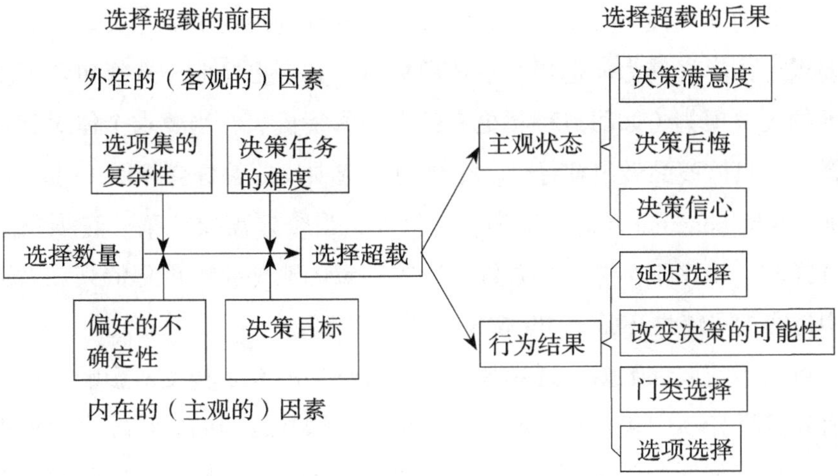

图 7–1　选择超载的模型图

任务因素主要指决策问题的结构化特性，在这里主要指选择任务的难度，包括时间压力、决策的问责性、可选项的属性数和信息表征模式。而背景因素指与可选项价值相关的决策因素，在这里指选项集的复杂性，包括可选项的相对吸引力和整体吸引力。这些外部任务因素对于每个决策者的影响都是相似的。与此相反的是，还存在一些与决策者自身特性密切相关的内部调节因素，包括偏好不确定性和决策目标，这些因素会因人而异。偏好不确定性指决策者是否对当前决策具有明确的偏好体系，具体而言，个体对相关商品领域的知识水平是否丰富以及是否具有理想参照点。决策目标则指个体在当前决策中旨在将认知努力最小化的意愿程度，主要通过决策意图（购买 vs. 浏览）和决策焦点（选择一个选项集 vs. 选择一个特定选项）来进行操纵。通常个体希望降低努力程度的意愿越强烈，则越容易出现选择超载。

（一）决策任务难度

时间压力。对决策时间的限制会提高个体决策时对认知资源的要求，进而使个体更倾向于对选项进行一种非系统性的加工。对选项的这种非系统性加工会降低个体的决策满意度，使个体在时间压力条件下更容易出现选择超载（Haynes，2009）。

决策的问责性（要求决策者解释自己选择的理由）。相关研究表明，当要求个体解释其为何选择某一选项集时，其会更倾向于选择包含更多可选项的大选项集（如甜点种类更多的自动售货机），当要求个体对其为何选择某一具体商品做出解释时，个体对大选项集的偏好会降低（Chernev，2006；Scheibehenne et al.，2009）。另外，当个体需要从某一选项集中做出选择时，相比于小选项集条件，决策问责的额外要求可降低其在大选项集中选择的可能性（Gourville & Soman，2005）。

可选项的属性数量。选择超载还会被选项的复杂程度所影响。通常，只有在各选择项中包含较多属性的情况下，增加选项的数量才会导致决策者的满意度降低。Greifeneder 等（2010）发现，选项集中可选项的属性数量会影响人们的决策体验。即使选项数量相同，从一个只描述单一选项属性（如颜色）的选项集中进行选择，也比从一个描述多种选项属性（如颜色、大小、形状等）的选项集中进行选择更容易，产生选择超载效应的可能性也会更低。另一方面，当各选项仅在某一维度上有变化时，选择较为简单，当各选项在诸多属性上均不相同时，个体对各选项的评价会变得更为复杂。Gourville 和 Soman（2005）发现，当选择集中的各选项同时在多个属性维度上相互区别时，随着选项集的增大，会导致更高的认知负担，个体也会体验到更低的满意度及更强的预期后悔情绪。

选项信息的表征方式。选择集中各选项能否得到有序的排列或适当分类是影响选择超载效应的另一重要因素。研究发现，如果对选项集中的商品进行简单分类，选择超载效应就能够得到有效抑制。只有当选项没有被适当地进行分类摆放时，选项的增加才会降低消费者的满意度（Mogilner，Rudnick，& Iyengar，2008）。这可能缘于有序的信息呈现会减少人们的信息搜索过程，节约认知资源，降低个体在决策过程中的认知负荷量，从而可有效降低大选项集条件下的选择超载效应。另外，信息呈现的形象性（文字 vs. 图片呈现）也会调节选择超载效应。Townsend 和 Kahn（2014）发现，虽然图片呈现的信息因其更加形象有趣而更容易吸引人的注意，但眼动数据表明，相比于文字呈现，当大选项集中的信息以图片形式呈现时，个体的认知加工方式会更缺乏系统性，也更容易产生选择超载效应。

（二）选项集的复杂性

是否存在优势选项。通常而言，在大选择集中，消费者要在较多的选项中进行权衡比较，各选项之间越相似，选择就越困难。但当一个选项集中有优势选项存在时，则不管该选项集大小如何，个体均更有可能做出选择，而非放弃决策。

可选项的整体吸引力。有些商品集中的可选项具有更高的品质，然而有些选项集中的可选项的品质则偏低。以往研究曾发现，选项的整体吸引力会影响个体在此选项集中的选择方式。当选项集中的选项整体更具吸引力时，相对于大选项集，人们会更偏好于小选项集（Chernev & Hamilton，2009）。

选项的可对比性。选项的可对比性用于标示选项的属性是否具有可对比性。可对比属性是指所有当前可选项均具有某一属性，只是不同选项在该属性上有不同的值。例如，汽车和自行车有不同的价格，价格属于可对比属性。非可对比属性指只有一个或部分选项具有该属性，但其他选项并不具有该属性。例如，汽车会对环境产生大气污染，而自行车不会。因此当可选项是在可对比属性上具有差异时，选项数增多会增加个体的购买可能性，但当可选项是在非可对比属性上有所差异时，则更容易出现选择超载（Gourville & Soman，2005）。

（三）偏好不确定性

对于具有明确偏好的决策者来说，选择前其头脑中就已有对最优选项或最重要属性的期待，因此在选择过程中其决策目标会更加明确，更易于排除其他无关选项或属性的干扰，这样就会大大降低选择的认知负荷量。也就是说，当个体在决策中具有明确的理想标准时，消费者更容易做出决策。Chernev（2003）发现虽然从大选项集中选择，涉及更复杂的比较和决策过程，但偏好明确的消费者却并不会感到困惑，也不会体验到选择困难。有清晰偏好的决策者甚至会更偏好大选项集，这可能缘于明确的偏好可减少个体在决策过程中的认知损耗，从而不容易产生选择超载效应。

个体先前的知识经验也可影响选择超载效应。通常个体越熟悉相关的决策领域，选项数量对个体的决策体验及行为的影响越小，越不容易出现选择超载效应（Morrin et al.，2010）。Mogilner 等（2008）发现对选项特征不了解、不具备相关知识的决策者更容易在大选项集中迷失，导致选择超载效应。也有研究发现，与网络购物新手相比，有购买经验的消费者更不易受可选项的数目所困扰，更不容易出现选择超载效应。

（四）决策目标

决策意图（购买 vs. 浏览）。决策意图指个体是确定要购买商品，还是没有明确的购买意愿而只是想看看所提供的可选项。有些时候人们只是为了了解某一类产品或他们自己的偏好而浏览商品，此时个体可能会从对商品的对比评价中体验到乐趣。因此相比于具有明确购买意愿的个体，那些只是浏览商品信息的个体更不容易出现选择超载。

决策焦点（选择一个选项集 vs. 选择一个特定选项）。决策焦点指个体在决策任务中是否需要选出特定选项的凸显程度（Chernev，2006）。例如，研究者在实验中让被试为不清楚其偏好的两位队友选择点心，并给被试提供了两个选项集：一个是提供 6 种不同甜点的自动售货机，另一个是提供 36 种不同甜点的自动售货机。研究者通过“需要提供理由”范式（Need–for–justification Paradigm）来操纵被试的决策焦点。在“品类焦点”（Assortment–focus）条件下，被试需要解释自己选择某一自动售货机的理由；而在“产品焦点”（Product–focus）条件下，被试则需要解释自己选择某一甜点的理由。结果发现，在品类焦点条件下，只有 1.8% 的被试选择了品种少的自动售货机，但在产品焦点条件下，则有 35.2% 的被试选择了品种少的售货机（Chernev，2006）。

建构水平（高 vs. 低）。解释水平理论认为人们可从多重层面对同一事物进行解释。高层水平的解释包括一般的、去情景化的、能够传达事件本质特性的信息，低水平的解释包括更具体的、情景性的、偶然信息。例如，一个高水平的解释可以将“打电话”表征为“联系一个朋友”，低水平解释却将其表征为“拨电话号码”。正是由于人们可从不同水平来解释同一事件，我们的决策标准才常常发生变化。高水平解释会使个体的思维更抽象，更注重宏观目标，倾向于认为各选项更相似，而低水平解释会使个体的思维更具体，更注重细节，会加大选项间的差异，因此通常高水平解释更容易导致选择超载效应（Jing，Jiang，& Dhar，2013）。心理距离会影响个体对事物的解释水平，心理距离（时间、空间、心理）越远，则个体越倾向于采取高水平的、抽象的表征方式。因此当个体进行心理距离较近（现在、这里）的决策时，其解释水平较低，因此会更偏好于大选项集。但当个体进行心理距离较远（未来、那里）的决策时，其解释水平较高，会更偏好于小选项集（Goodman，Joseph，& Malkoc，2012）。

个体的最优化倾向（满意型 vs. 最优型）。决策者的最优化倾向也会影响选择超载效应。最优化倾向高者通常会试图寻找期望效用价值最高的选项，但对于最优化倾向低的“满意型”决策者而言，在遇到“较好”的商品时就会感到满意。因此，对于“最优型”决策者而言，大选项集往往会导致更多的比较和权衡，最终致使其体验到更强烈的预期后悔、更低的满意度，出现选择超载效应（Reed et al.，2011）。

四、研究展望

以往研究通常认为“多即是好”，但选择超载领域的研究打破了人们的固有观点，提出有时候个体的决策行为符合“少即是好”这一原则。相关研究对于决策领域（尤其是消费者决策领域）具有重要的理论和现实意义。目前研究者已对影响选择超载效应的诸多调节变量进行了考察，这可以让我们更细致地了解选择超载的产生条件。另外该领域也从不同的主观体验或行为后果（如决策体验和决策行为）方面探讨了选择超载的后效，相关研究为商家思考如何有效地降低选择超载效应提供了重要借鉴意义。未来的选择超载领域可着重从以下三个方面入手，即重视拓展后效变量、探讨多变量的交互作用以及注重情绪变量的引入。

首先，未来研究可以扩展对选择超载后效变量的测查。目前研究者主要从延迟选择以及决策后的主观体验方面入手，思考选择超载效应对决策行为的影响。未来研究可以引入过程追踪技术来测查体现个体决策过程的变量，如加工时间、加工深度、加工模式，由此考察过多选项对个体决策过程或决策策略的影响（Luce et al.，1997）。相关研究将有助于我们从决策过程的内部探查选择超载效应的产生机制。

其次，目前该领域只是单独地考察了不同调节变量（如选项属性的数量、偏好不确定性或决策目标）对选择超载效应的干扰作用，未来可以采用更为复杂的实验设计，同时考察多个调节变量是如何共同影响选择超载效应的。

最后，以往研究主要从体现个体经验和动机的内部因素和标示决策问题的外部因素入手探讨选择超载效应的产生机制，但个体的情绪体验通常也会对决策具有非常重要的影响。未来研究可以探讨情绪的效价（积极与消极情绪）以及不同的具体情绪（希望、感恩、愤怒、悲伤、焦虑、后悔或失望等）对选择超载效应的调节作用。另外，以往研究虽然注重探讨选择超载的调节变量，但对导致这一现象的中介机制却缺乏探讨。未来可以借助个体的情绪体验（如情绪的优势度和愉悦度）来考察影响选择超载效应的中介机制（可参见第九章实证研究：情景性决策困难对延迟选择的影响）。

第八章　情绪性权衡困难[①]

在决策过程中，当可选项有多个特性，而又没有一个在所有特性上都优于其他选项的主导选项（Dominating Option）存在时，决策者若要提高一个特性的值，往往需要以牺牲另一个特性为代价，此时，决策者必须对不同的特性进行比较，决定孰重孰轻，并将不同特性的值互相转化，即进行权衡（Trade-off）。情绪性权衡困难是指决策者对与价值目标（Valued Goal）相关的特性（如生命、健康、环保和时间等）进行权衡时，会产生相应的负性情绪，从而使个体在情感上难以对不同的特性进行权衡。决策者在决策过程中所体验到的负性情绪主要是由当前决策任务所激发的暂时性情绪状态，其已成为测量情绪性权衡困难的重要指标。目前，情绪对决策行为的影响已引起较多研究者的关注，情绪性权衡困难（Emotional Trade-off Difficulties）也已成为一个新的研究热点。

下面将主要从两方面来介绍情绪性权衡困难领域的研究：第一方面，把决策者在决策过程中所体验的负性情绪作为因变量，旨在说明权衡过程中可影响负性情绪的因素，这方面的研究将有助于研究者在实验中成功地操纵情绪性权衡困难的不同水平，为测查情绪性权衡困难下的决策行为奠定方法学基础；第二方面，把权衡困难所导致的负性情绪作为自变量，旨

① 本章主要内容摘自：李晓明，傅小兰．情绪性权衡困难下的决策行为［J］．心理科学进展，2004，12（6），801-808.

在说明负性情绪对随后决策过程及决策行为的影响，这方面的研究将有助于探究情绪性权衡困难对个体决策行为的影响。

一、权衡过程中影响负性情绪的因素

情绪性权衡困难领域的研究探讨在决策权衡过程中影响负性情绪的因素。该类研究基于 Lazarus（1991）提出的情绪激活模型（Model of Emotion Elicitation），操纵权衡过程中所产生的负性情绪，并采用 Watson 等制定的正性负性情绪五点量表（Watson，Clark，& Tellegen，1988）或基于该量表修订后的量表对负性情绪进行测察。

（一）Lazarus 的情绪激活模型

Lazarus 认为，情绪源于一系列的认知评价过程，包括初级和次级评价（Lazarus，1991）。初级评价是指个体对决策情景本身的评价，包括 3 个成分：（1）目标关联性（Goal Relevance）评价，即个体判断决策结果是否与某种价值目标有潜在的关联，该评价决定了此决策能否激活某种情绪；（2）目标趋近（Goal Congruence）评价，即个体判断该决策所涉及的结果是积极的还是消极的，该评价决定了情绪的效价是积极或者消极的；（3）目标内容（Goal Content）评价，即个体判断在决策中受到威胁的具体目标，该评价决定了情绪的性质（例如，焦虑或者恐惧情绪）。次级评价则是对个体应对当前决策前景的预期，例如，个体会评估自己能否通过某种方式改善当前的决策情景。次级评价过程的引入反映了 Lazarus 将情绪和应对（Coping）看作是一个双向的动力过程。Lazarus 指出，对决策情景的初级评价和对应对前景的次级评价是情绪激活的基本成分。

（二）权衡过程中的负性情绪操纵方法

基于情绪激活模型的初级评价假设，研究者往往会通过设置特性及特性间的冲突水平来操作权衡过程中的负性情绪强度，而在设置特性时会主要考虑特性的重要性和损失厌恶水平（Loss Aversion）。需要重点说明的是，重要性和损失厌恶是两个不同的概念。例如，质量和价格这两个属性在重要性的测量结果上基本相同，但质量这一属性的损失厌恶水平却明显更高。以往研究通常会选用重要性相同，但损失厌恶水平不同的特性。在测量时，研究者首先给被试提供一组关于决策对象的特性，例如，电脑的辐射强度、售后服务、稳定性、显示屏质量、硬盘容量、散热性、内存容量等。随后，研究者会通过不同的问题来对特性的重要性和损失厌恶水平进行测量。重要性和损失厌恶水平各有 3 种测量方法（Luce，1998）。

测量重要性的 3 种方法为：（1）要求被试回答诸如“如果将一台电脑的稳定性从平均水平提高 20%，你愿意付出________人民币作为回报？”这类问题可分别测量各个特性的重要性。（2）要求被试完成诸如“设想你有一台在所有特性上均最差的电脑，如果你可将其中一个特性由最差提高到最好，那么把你首先希望改变的这个特性的重要性设定为 100，然后根据这一特性对其他特性进行重要性赋值。”这类赋值任务，可同时测查所有特性的重要性。（3）要求被试完成诸如“这里有关于电脑的几个特性，请将你在买电脑时最看重的特性赋值为 100，然后基于该特性对其他特性的重要程度赋值。”这类赋值任务，此方法也可同时测量所有特性的重要性。

测量厌恶损失的 3 种方法为：（1）要求被试回答诸如“假如你拥有一台电脑，在所有特性上都是平均水平，如果需要将稳定性从平均水平降低 20%，你愿意要求________人民币作为补偿？”这类问题，这种方法可分别测量被试对稳定性等各个特性的损失厌恶水平。（2）要求被试完成诸如“假如你拥有一台在所有特性上都是最好的电脑，如果将各个特性值降到最差，那么把你最不情愿降低的特性设定为 100，根据这一特性对其他特性的不情愿降低的程度赋值。”这类赋值任务，此方法可同时测量所有特性的损失厌恶水平。（3）要求被试回答诸如“电脑 A 和电脑 B 在其他特性上相同，但电脑 A：稳定性具有中等水平，电脑 B：50% 的可能稳定性增加 20%，50% 的可能稳定性降低________% 时，你觉得电脑 A 和 B 对你的吸引力是相同的？”这类问题，可分别测量被试在各个特性上的损失厌恶水平。

特性的损失厌恶水平影响着情绪性权衡困难。通常，在高情绪性权衡困难条件下，特性的损失厌恶水平较高；而在低情绪性权衡困难条件下，特性的损失厌恶水平较低（Luce，1998）。例如，当个体购买汽车时，决策者在安全性和环保性这两个特性间作权衡时可能会感到困难，因为任何一种特性的损失都会激活较强的负性情绪，难以取舍；相比而言，决策者在音响系统和座椅材质间作权衡就更为容易。

特性值间的冲突水平是导致情绪性权衡困难的另一个重要条件。很显然，如果有主导选项存在，那么决策者就不必进行特性间的权衡。特性间冲突水平的操作性定义是各选项诸特性值间的相关系数。在正相关条件下，特性间的冲突较小，权衡难度较低；在负相关条件下，特性间冲突较大，权衡难度较高（Luce，1998）。

研究者也会采用其他方法来操纵权衡过程中的负性情绪。例如，Luce等通过对负性结果发生的可能性和对这种结果描述的详细程度来操纵权衡过程中的负性情绪（Luce，Bettman，& Payne，1997）。根据情绪激活模型的次级评价假设，对应对结果的预期也可影响负性情绪。例如，如果可以逃避决策或者把决策责任转移给他人，则可以降低情绪性权衡难度。研究表明，如果在实验中提供回避选项，的确可以降低被试的负性情绪。

（三）情绪性权衡困难的操纵实例

杨国庆（2012）利用特性的损失厌恶水平来操纵情绪性权衡困难。某些特性（如工作安全性与学习发展）会与更高水平的价值目标相关，更具情绪性，因此在这些特性间进行权衡要比在其他特性间（如工作条件与差旅要求）进行权衡更难。该研究基于上述测查损失厌恶水平和重要性的方法（见附录四），通过预试确定了具有不同损失厌恶程度的两组特性。预试结果如表 8–1 所示。在不同权衡难度条件下，研究者为了强化权衡难度的操纵，特性间的重要性程度并没有保持完全一致。由于特性的重要性程度会与冲突水平产生交互作用，影响被试的决策，因此在两个条件下不同特性重要性间的变异是保持一致的。据此，高权衡难度条件下所选择的 4 个特性包括工作安全性、学习发展、薪资待遇和工作岗位；低权衡难度条件下的 4 个特性包括工作强度、办公条件、生活开支和差旅要求。

表 8-1　预试结果

	重要性测量			损失厌恶测量		
	比例权重	摇摆提高	定价提高	摇摆降低	定价降低	风险态度
工作安全性	5.21	4.88	5.15	5.04	4.90	4.70
个人兴趣	4.57	4.64	4.64	4.48	4.51	4.46
薪资待遇	4.42	4.39	4.30	4.55	4.38	4.31
学习发展	4.41	4.76	4.84	4.69	4.54	4.59
团队氛围	4.31	4.24	4.00	4.03	4.10	4.20
晋升加薪机会	4.29	4.43	4.48	4.11	4.43	4.44
行业情况	4.28	3.96	4.01	4.23	4.09	3.82
工作岗位	4.17	4.18	4.42	4.34	4.24	4.17
工作强度	4.12	3.72	3.63	3.71	3.85	3.91
地区发展水平	4.01	4.09	4.02	3.96	3.89	3.88
人脉资源	3.99	4.19	4.28	4.34	4.19	3.94
企业实力	3.95	4.42	4.35	4.04	4.20	3.95
工作保障性	3.74	4.06	3.92	4.05	3.81	3.73
适应性	3.60	3.63	3.76	3.68	3.69	3.70
食宿条件	3.59	3.65	3.43	3.67	3.48	3.75
周边环境	3.51	3.50	3.32	3.52	3.74	3.73
办公条件	3.44	3.42	3.32	3.48	3.44	3.38
生活开支	3.28	2.96	3.20	2.97	3.23	3.69
差旅要求	3.11	2.85	2.92	3.12	3.30	3.67

（五）负性情绪的测量技术

测量权衡过程中的负性情绪一般运用的是 Watson 等（1988）制定的正性负性情绪量表，或基于该量表修订后的量表。量表中包含描述正性情绪和负性情绪的两类形容词，前者如“高兴的”“有希望的”等，而后者如“焦虑的”“悲伤的”“不舒服的”等。研究者需计算所有负性情绪的均值，以代表负性情绪水平（Luce，1998）；而正性情绪形容词只是为了向被试掩饰实验的真正目的，其结果并不会被纳入统计分析。

二、负性情绪对决策行为的影响

前一部分研究主要介绍了权衡过程中影响负性情绪的因素，本部分将关注于把权衡困难所导致的负性情绪作为自变量，试图说明负性情绪对决策行为的影响。该部分的核心问题就是探讨负性情绪对决策过程和结果的影响。

（一）负性情绪对决策过程的影响

决策过程的三要素及其测量。在分析决策过程时，研究者主要会考察三个指标，即加工深度（Processing Extent）、加工均衡性（Processing Consistency）及加工模式（Processing Pattern）（Luce et al.，1997）。加工深度指信息被加工的程度。加工均衡性指认知资源在各个选项和特性上分配的均衡程度。加工模式指信息的加工方式是基于特性的加工还是基于选项的加工，前者是指随后获取的信息与前一次的信息属于同一特性但分别属于不同选项，后者是指随后获取的信息与前一次的信息属于同一个选项但分别属于不同特性。

研究者通常会采用Payne等的鼠标软件系统（Mouselab Software System）（Payne et al.，1993）收集决策过程中的原始数据。该系统通常将选项信息以矩阵的形式呈现给被试，用行来定义选项，用列来定义特性。所有信息一般首先会被隐藏在封闭的盒子里，只有当被试将鼠标放在盒子上时，信息才会展现出来；被试一次只能打开一个盒子，当把鼠标移走后，盒子就会关闭。该系统能够记录每个盒子被打开的次数、时间、信息的获得顺序及被选择的项目等（Payne et al.，1993）。这一技术已在决策研究中得到广泛应用。

在分析决策过程时，加工深度一般通过被试在选择过程中打开盒子的总数和总时间来衡量，而加工的均衡性则用被试在各个选项和特性上所用的时间和打开的次数是否一致或均衡来表示。在一次选择任务中，基于选项或基于特性的加工这两种加工模式通常会并存，当然还会出现其他一些不规则的加工方式，但研究者通常不对后者进行分析。研究者通过一个公式来衡量这两种加工模式的相对程度［加工模式 =（基于选项的加工量 - 基于特性的加工量）/（基于选项的加工量 + 基于特性的加工量）］，其值在 -1 和 1 之间变化，数值越大表明该过程更多地进行了基于选项的加工（Luce et al.，1997）。从具体的决策过程指标上可以推测出个体在决策过程中所采用的决策策略，通常更少的决策时间、更浅的加工深度、基于特性的加工及加工变异性大时，说明被试更多地采取了非补偿性策略，反之则说明被试更多地采取了补偿性策略。

描述决策过程的理论模型。为解释情绪性权衡困难对决策过程的影响，研究者一般基于应对行为模型（Coping Behavior Framework）（Susan & Lazarus，1988）或者努力 - 准确性模型（Effort-Accuracy Framework）（Payne，Bettman，& Eric，1993）来提出研究假设。

Susan 和 Lazarus 的应对行为模型被研究者用来说明情绪性权衡困难条件下的决策行为。该模型认为，情绪的激活会引发一系列应对行为。这些应对行为可分为两类：（1）以问题为焦点的应对（Problem-focused Coping），该类应对行为旨在解决导致负性情绪的问题，以增加决策的准确性；（2）以情绪为焦点的应对（Emotion-focused Coping），该类应对行为旨在降低负性情绪，而不是改变外部环境。后者可进一步细分为两类：一是逃避，即将自己与有压力的情景隔离；二是改变情景的意义，即将个人的失败重新评价为他人的责任（Susan & Lazarus，1988）。对于大多数的负性情绪情景，基于问题和基于情绪的应对行为会同时并存（Terry，1994）。

理解情绪性权衡困难下的决策行为的另一种方式，是将权衡过程中所产生的负性情绪作为努力 - 准确性模型中的一个因素进行分析。努力 - 准确性模型认为，人的决策过程是一个基于当前决策情景所要求的准确性和个体的认知系统所能提供的认知资源，对各种策略进行选择的过程。例如，在准确性要求高的条件下，决策者会愿意选择对认知资源要求高、准确性也较高的标准化理性模型，此时选择策略的主要依据是准确性最大化

（Accuracy Maximization）标准（Payne，Bettman，& Luce，1996）。当有额外认知任务时，决策者会倾向于选择对认知资源要求较低，但不能保证准确性的启发式策略，此时选择策略主要依据的是认知努力最小化（Effort Minimization）标准。努力－准确性模型中的这两个策略选择标准经常会互相冲突，因此，人的决策过程也可以理解为在对这两个标准权衡基础上的策略选择过程（Payne et al.，1993）。

Luce 等（1997）总结，加工策略与决策过程之间存在稳定的联系。例如，维度加权策略（Weighted Additive Strategy）通常与基于选项的、均衡的、深入的加工过程相联系，在这种策略的引导下，个体通常会选择预期效用最大化的选项。这是一种理性的加工策略，通常也被视为决策准确性的标准，其准确性较高，但需要较多的认知资源参与。启发式策略（Heuristic Strategy）通常与基于特性的、选择性的、不完全的加工过程相联系，只需要较少的认知资源，但其准确性不能保证（Luce et al.，1997）。

负性情绪作为努力－准确性模型中的一个影响因素，可以通过改变决策者对准确性的要求或所拥有的认知资源来影响加工策略的选择。以往研究者在负性情绪的影响机制上存在两种不同的观点，由此对情绪性权衡困难条件下的决策行为也有两种相反的假设：一种观点认为，负性情绪暗示着目前的环境存在着问题，需要改变，因此可以激励个体更好地完成任务，提高了个体对决策准确性的重视程度，使得个体倾向于使用分析性的加工策略（Lazarus，1991）。这反映在加工过程上就是进行更深入、更均衡、更多的基于选项的加工。另一种观点认为，负性情绪能分散人们的注意力，会减少个体可运用于决策任务中的认知资源（Lewinsohn & Mano，1993）。随着可利用的认知资源的减少，人们会更倾向于采用启发式策略，因此负性情绪会导致更浅层、更有选择性、更多的基于特性的加工过程。

涉及决策过程的实验研究。目前的实验证据支持 Susan 和 Lazarus 的应对行为模型。Luce 等发现，随着情绪性权衡困难程度的增加，个体会更多地进行基于特性的加工，但同时也伴随着加工时间和获取信息的增加（Luce et al.，1997），而这种加工方式与基于努力－准确性模型的上述两个假设均不相符。Luce 等（1998）进一步发现，随着情绪性权衡困难程度的增加，个体会更多地选择避免选项（它能够使决策者避免可能产生负性情绪的权衡过程），但加工时间也会增加。这两个研究都说明在情绪性权衡困难条件下，降低负性情绪和提高准确性的目标共存，支持了 Susan 和 Lazarus 关于情绪性权衡困难条件下两种应对行为共同作用的观点，而不支持基于努力－准确性模型的假设。Bettman 指出，人的决策行为依赖于各标准间的权衡（Lewinsohn & Mano，1993）。Bettman 基于以往研究对努力－准确性模型进行了扩充，在 Payne 等提出的准确性最大化和认知努力最小化标准的基础上提出了另一个重要标准，即负性情绪最小化（Negative Emotion Minimization）（Bettman，Luce，& Payne，1998）。Bettman 认为，在情绪性权衡困难条件下，人的决策行为依据这三个标准进行。

（二）负性情绪对决策结果的影响

负性情绪对决策行为的影响不仅反映在决策过程中，也反映在个体对一些特殊选项的偏好上，这些特殊选项能够通过回避特性间的权衡达到降低负性情绪的目的（Luce，Payne，& Bettman，1999，2000）。Anderson 总结了人们在决策过程中产生回避行为的原因，重点强调了情绪的作用，认为情绪不只是认知过程的副产品，而是一个独立起作用的因素（Anderson，2003）。

Luce（1998）探讨了情绪性权衡困难对决策结果的影响，实验中研究者采用了三种回避选项：维持原选择、能够主导另一个选项的选项、延迟选择。这三个选项的共同特点是，如果被试选择它们，就可以不必进行特性间的权衡，从而降低个体所体验到的负性情绪。研究发现，决策过程中产生的负性情绪与对回避选项的选择成正比，对回避选项的选择反过来又会降低事后回顾性的负性情绪，说明了决策过程中的负性情绪是权衡困难和对回避选项选择的中介变量，而对回避选项的选择又是权衡困难和回顾性负性情绪的中介变量。研究还发现，人们选择回避选项的同时，反应时间也会增加，这排除了以往研究者认为选择回避选项是为了降低认知努力程度的解释，支持了人们选择回避选项是为了降低负性情绪的观点（Waston et al.，1988）。

Bettman 等（1998）设计了两特性（公寓的安全性和月租金）和两选项（租金为 500 元但 25% 的可能成为罪犯的伤害对象，或租金为 1000 元但 11% 的可能成为受害者）的简单选择情景，采用匹配－选择任务。结果发现，将在匹配任务中得到匹配的两个选项呈现给被试时，被试会更偏好于高安全性的选项；当租金比匹配的租金值高出很多时，被试会仍偏好于安全性高的选项。这说明人们在情绪性权衡困难条件下会更倾向于在某个特性上（例如，安全性）具有最佳值的选项，而忽视选项的其他特性（例如，价格），以达到降低负性情绪的目的。

三、研究展望

迄今为止，情绪性权衡困难的研究已取得了很大进展，不仅丰富了决策行为模型，增加了第三个重要的决策标准（负性情绪最小化），深化了人们对决策行为的理解，而且其研究成果在广告和营销等领域也有重要的应用价值。未来的情绪性权衡困难研究可着重从三个方面入手，即采用新的技术手段、提高研究的外部效度、拓展新的研究领域。

首先，未来的研究应该注重从认知评价、生理反应、主观体验三方面对情绪进行测量，同时应注重情绪测量的具体化，而非仅依赖于正性负性情绪量表，要从主观体验水平对负性情绪进行测量。

其次，未来应将有关的研究推广到现实情景中，进一步提高研究的外部效度，模拟现实情景中的情绪体验。因为相关研究是在实验室里操纵负性情绪的，这些研究虽然获得了预期的加工模式，但被试报告的负性情绪总是分布在量表值的中点以下。未来可考虑在医疗、环保等能激发高情绪性权衡困难的真实决策情景中，开展深入细致的现场研究。

再次，未来可加强对情绪障碍群体个体的探讨。目前情绪性权衡困难中的决策研究只注重了正常群体的决策行为，而忽略了对非正常群体的研究。Bechara 等发现，前额叶受损的病人缺乏对恐惧的体验，因此不会考虑决策行为的后果，进而产生了与正常人不同的决策行为（Bechara et al., 1997）。未来研究可进一步探讨情绪障碍人群在情绪性权衡困难下的决策行为。

最后，未来研究应注重考查影响情绪性权衡困难的调节因素。例如，信息呈现方式会对情绪性权衡困难产生影响，若同时呈现各选项，会增加决策者对情绪性权衡困难的感知；若序列呈现选项，则可能会降低其对决策冲突的感知。也有研究考察了不同认知负荷和时间压力条件下的情绪性权衡困难行为。Dhar 等发现，在高时间压力下决策者倾向于选择在某一个特性上有最佳值的选项（Dhar，Nowlis，& Sherman，2000）。而当研究者采用额外的记忆任务提高个体的认知负荷时，此时个体却会更倾向于综合考虑各个特性的值（Drolet & Luce，2004）。未来研究者可通过引入这样一些调节变量（如先前情绪、认知能力、决策策略等），来寻找可帮助人们降低情绪性权衡困难的方法。

第九章　实证研究：情景性决策困难对延迟选择的影响①

上面各章从不同角度阐述了情景性决策难度对决策行为的影响。本章将基于一个实证研究，从情绪体验的角度探讨情景性决策困难对延迟选择的影响机制，以及情绪体验在整个决策过程中的变化。

决策研究集中于探讨个体如何做出决策，但却通常忽视了决策行为中一种特殊、但甚为普遍的现象——延迟选择（Choice Deferral）。当前多数决策任务会采用迫选模式探讨个体的决策行为，即决策者必须在几个可选项中选择其一。尽管当延迟的代价很高或情况紧迫时，我们必须在当前可选项中选择其一，但现实生活中决策者通常可以不必在已有选项中即刻做出选择。延迟选择指个体暂且决定不做选择，包括推迟选择或拒绝在可选项中做出选择（Anderson，2003）。围绕延迟选择，研究者探讨了很多有价值的问题，例如，哪些因素可影响个体的延迟选择？或者说，延迟选择的产生机制如何？

基于以往研究，可将影响延迟选择的因素总结为认知和情绪因素。前者包括决策冲突（Tversky & Shafir，1992）、决策过程（Dhar，1996；Dhar & Nowlis，1999）、信息呈现方式（Lange & Krahé，2014）

① 数据摘自：杨国庆，《情绪与延迟选择的关系：基于 PAD 情绪模型的研究》，湖南师范大学硕士学位论文，2012.

和推理（Gunasti & Ross，2009）等。后者主要包括两种与决策任务相关的情绪（Task-related Emotions）：预期情绪（Anticipated Emotions）（Cooke，Meyvis，& Schwartz，2001）和预支情绪（Anticipatory Emotions）（Luce，1998）。预期情绪是一种由决策者预期的、伴随某种决策结果在未来将要发生的情绪反应，如后悔、失望等；预支情绪则是一种由决策情景激发的即时情绪反应，如焦虑、恐惧等。目前研究者对预支情绪进行了较多的探讨，研究者认为在情绪性权衡困难条件下，负性情绪最小化会成为决策的一个基本目标，而延迟选择行为在某种程度上可以满足个体降低负性情绪的目标。Luce（1998）发现，随着权衡困难程度的增加，人们会更多地延迟选择以避免权衡过程中产生的负性情绪。最近，也有研究探讨了群体和年龄对延迟选择的影响（White et al.，2011；Chen et al.，2011），结果发现，与个人或青年人相比，小群体或年长者会更倾向于延迟选择。

基于以往研究，研究者总结了延迟选择行为产生的两种假设：一是偏好不确定假设，二是负性情绪避免假设（李晓明、傅小兰，2006）。应该说，无论是对偏好的不确定，还是决策过程中所导致的负性情绪，都可以归结为一个共同的因素——选择难度。简言之，当难以做出选择时，个体就会倾向于延迟选择。以往研究通常是通过当前可选项的内在特点（如选项间的相对吸引力）来操纵决策难度，但 Novemsky 等（2007）发现，虽然字体的可读性与可选项的内在或本质特点无关，但当以不同的字体向被试呈现相同的可选项信息时，被试的延迟选择倾向也会发生变化，即当信息以一种更难阅读的字体呈现时，被试会更倾向于延迟选择。该研究延伸了选择难度的涵义，认为任何影响决策难度体验（或称之为偏好流畅性）的变量都可以影响延迟选择行为。

通过上述分析，以往涉及延迟选择的研究主要关注了情绪的愉悦度在情景性决策难度对延迟选择影响中的中介作用（Luce，1998），而较少考查情绪的其他维度。本研究基于 PAD 三维情绪模型（Mehrabian，1996），试图通过 3 个实验深入探讨情绪的愉悦度、优势度和激活度在决策难度对延迟选择影响中的作用，以及决策难度、延迟选择与情绪不同维度的关系。其中 P 代表愉悦度（Pleasure-displeasure），表示个体情绪状态的正负特性；A 代表激活度（Arousal-nonarousal），表示个体的神经生理激活水平；D 代表优势度（Dominance-submissiveness），表示个体对情景和他人的控制状态。本研究通过当前可选项的特性（实验一：选项间的情绪性权衡困难；实验二：可选项的字体可读性；实验三：可选项间的相对吸引力）来操纵情景性决策难度，并从情绪的不同维度上测查个体在整个决策过程中的情绪体验，以考察情绪的不同维度在情景性决策难度对延迟选择影响中的作用。

一、实验一：情绪性权衡困难对延迟选择的影响[①]

（一）实验目的

以往关于情绪性权衡困难的研究发现，个体在决策过程中所面临的决策冲突通常会激发其负性情绪，因此除了决策的准确性之外，决策的另一个重要目标就是应对这种负性情绪（Luce，1998；Luce & Bettman，1997，1999），尽可能降低决策中的负性情绪，此时决策者往往会通过回避决策来降低负性情绪，如延迟选择（Anderson，2003）。另一方面，如果延迟选择确实是人们用来减少预期负性情绪的一种决策方式，那么选择延迟选项的决策者，也会体验到更少的负性情绪（Luce，2008）。但是这些研究都只考虑了负性情绪在决策过程中与决策后的变化，即只考察了情绪的愉悦度，而对情绪的其他维度并没有深入的研究，本实验除了考察情绪的愉悦度之外，还将尝试探索激活度与优势度在决策过程中的变化。

① 本部分已发表英文版，全文见附录七。

（二）实验方法

1. 被试

随机选取 60 名大四学生，其中男性 26 名，女性 34 名。被试被随机的安排到各实验条件（高、低权衡条件下各 30 名）。

2. 实验设计

单因素被试间设计，自变量为情绪性权衡难度，包括高、低两个水平。测查变量为引入延迟选项前的情绪体验（情绪 1）、引入延迟选项后的情绪体验（情绪 2）、选择后的回顾性情绪体验（情绪 3）和最终选择结果（即是否选择延迟选项）。

3. 权衡难度的操纵

本实验用特性的损失厌恶水平来操纵权衡难度。权衡意味着如果要在一个特性上获得较好的值，就要接受在另一个或多个特性上的损失。一些特性（如工作安全性与学习发展）与更高水平的目标相关，因此在这些特性上的权衡比在其他特性间（如工作条件与差旅要求）进行权衡更难。本实验通过预试确定了具有不同损失厌恶程度的两组特性（具体操纵方法见第八章的“情绪性权衡困难的操纵实例”部分）。最后确定高权衡难度条件下的四个特性分别是：工作安全性、学习发展、薪资待遇和工作岗位；低权衡难度条件下的四个特性分别是：工作强度、办公条件、生活开支和差旅要求。

4. 实验程序

本实验模拟了一个选择工作的决策情景。该情景中共有 5 份不同的工作，每份工作在 4 个特性上有所差异（见附录五）。本实验通过 Mouselab 呈现决策情景并收集相关数据。实验中首先给被试呈现 5 份工作，让被试选择其一，当被试准备好要选择的时候，即可点击“下一页”。此时计算机上会出现测量被试情绪的 SAM 量表（见附录六），用于测量被试的愉悦度、激活度和优势度。指导语为“在上页中您需要在这5份工作中选择其一。当面临上述选择情景时，您的情绪感受如何呢？请据此对下面的3个项目做出准确的回答”。评定完后可点击进入下一页，在此页中引入了延迟选项，即告知被试“如果现在您除了可以在这5份工作中选择其一，也可以选择继续寻找其他工作，那么您会如何抉择”，下面会有6个可选项，被试可在这5份工作任选其一，也可以选择“继续寻找其他工作”。被试选择后点击进入下一页，在此页面中让被试基于SAM量表对引入延迟选项后的情绪感受进行评定，指导语为“在上页中您除了可以在这5份工作中选择之外，还可以选择继续寻找其他工作。当面临上述选择情景时，您的情绪感受又如何呢？请据此对下面的3个项目做出准确的回答”。评定完后让被试完成一些无关的问卷。最后再让被试“重新考虑自己在工作选择任务中的最终选择，并体会您对此决定的情绪感受”，并再次基于SAM量表对自己决策后的回顾性情绪进行评定。整个实验总共记录了引入延迟选项前的情绪体验、引入延迟选项后的情绪体验、选择后的情绪体验和选择结果（即是否选择延迟选项）。另外在正式实验前也通过SAM量表测量了被试的基线情绪，以排除先前情绪状态的影响。

（三）结果分析

1. 操纵检测结果

在完成了Mouselab的实验程序之后，被试对有关特性的损失厌恶水平进行了评定。结果发现，在损失厌恶水平的测量上，高、低权衡难度条件之间存在显著差异，$F(1, 58)=5.49$，$p < 0.05$，$M_{高}=4.94$ vs. $M_{低}=4.43$，高权衡难度条件下的特性对被试而言，具有更高的威胁感。不同研究变量的描述性结果如表9-1所示。

表 9–1　不同权衡难度条件下被试的情绪状态和选择情况

权衡难度	情绪维度	决策过程 *M*（*SD*）				延迟选择比例
		基线	情绪 1	情绪 2	情绪 3	
高	P 愉悦度	6.60（1.45）	4.70（2.13）	6.13（1.65）	6.50（1.41）	0.43（13/30）
	A 激活度	4.17（1.85）	5.10（1.94）	5.40（1.94）	5.20（1.89）	
	D 优势度	6.73（1.46）	5.13（2.19）	6.53（1.84）	6.70（1.72）	
低	P 愉悦度	6.63（1.13）	5.57（1.50）	5.97（1.56）	6.30（1.64）	0.07（2/30）
	A 激活度	4.83（1.97）	5.30（2.00）	5.23（2.06）	5.50（1.78）	
	D 优势度	6.30（1.68）	5.97（2.02）	5.90（1.67）	6.23（1.48）	

2. 权衡难度和延迟选项对情绪的影响

独立样本 t 检验表明，在不同权衡难度条件下，被试的基线情绪在愉悦度、优势度和激活度上均不存在显著差异。本实验在对情绪 1 进行测量之后引入了延迟选择。情绪 1 用来考察权衡难度是否会改变被试的 PAD 情绪状态。情绪 2 用来检验呈现延迟选项能否调节权衡难度对情绪状态的影响。2（权衡难度：高、低）×2（决策阶段：引入延迟选择前的情绪 1、引入延迟选择后的情绪 2）的两因素混合方差分析表明，决策阶段在情绪的愉悦度（$F(1, 58) = 10.13$，$p < 0.01$）和优势度（$F(1, 58) = 4.28$，$p < 0.05$）上的主效应显著，即相比于引入延迟选项前，引入延迟选项后，被试会报告更高的愉悦度和优势度。

其次，二者在愉悦度上的交互作用也边缘显著，$F(1, 58)=3.22$，$p=0.08 < 0.1$。简单效应分析表明，在引入延迟选项后（情绪 2），不同权衡难度条件下被试的愉悦度并无显著差异，$F(1, 59)=0.16$，$p=0.92$。但在引入延迟选项前（情绪 1），不同权衡难度条件下被试的愉悦度差异显著，$F(1, 59)=3.24$，$p < 0.05$，即高权衡难度条件下被试的愉悦度更低。上述分析表明，通过操纵决策中各特性的损失厌恶水平，可以改变被试初始情绪的愉悦度。另一方面，在引入延迟选择之后，高权衡难度条件下，被试的愉悦度水平获得显著提高，$F(1, 59)=12.39$，$p < 0.01$；而低权衡难度条件下被试报告的愉悦度水平则没有显著变化，$F(1, 59)=0.96$，$p=0.33$。

最后，二者在优势度上的交互作用显著（$F(1, 58)=5.18$，$p < 0.05$）。在引入延迟选项前（情绪 1）和引入延迟选项后（情绪 2），不同权衡难度条件下被试的优势度均无显著差异，$F(1, 59)=2.30$，$p= 0.14$；$F(1, 58)=3.24$，$p < 0.05$。另一方面，在引入延迟选择后，高权衡难度条件下，被试报告的优势度水平显著提高，$F(1, 59)=9.45$，$p < 0.05$，而在低权衡难度条件下，引入延迟选项前后，被试的优势度体验没有显著差异，$F(1, 59)=0.02$，$p=0.88$。其他主效应及交互作用均不显著。

3. 权衡难度对延迟选择行为的影响

卡方检验表明，权衡难度对被试的选择具有显著影响，$\chi^2(1)=15.00$，$p < 0.01$，权衡难度越高，被试越倾向于延迟选择。

4. 延迟选择行为对回顾性情绪的中介作用

回顾性情绪被用来考察延迟选择本身是否会在权衡难度对情绪的影响中具有中介作用。为了验证延迟选择的中介作用，本研究将回顾性情绪与情绪 1 相比的情绪变化量作为因变量来分析。

中介作用分析要存在，需要满足三个基本条件：第一，自变量会显著影响因变量，即权衡难度会显著影响情绪的变化；第二，自变量会显著影响中介变量，即是否选择延迟选项对情绪的变化具有显著影响；第三，把是否选择延迟作为一个协变量的时候，权衡难度对情绪变化的影响减弱或者消失。统计分析表明，在情绪的愉悦度和优势度上，是否选择延迟对权衡难度的影响具有显著中介作用。首先，权衡难度显著地影响愉悦度（$F(1, 58)=3.29$，$p= 0.07 < 0.1$）和优势度的变化（$F(1, 58)=4.13$，$p < 0.05$）；其次，是否选择延迟对愉悦度（$F(1, 58)=6.52$，$p < 0.05$）和优势度（$F(1, 58)=5.65$，$p < 0.05$）的变化也有显著影响；最后，把是否选择延迟当作协变量来分析时，权衡难度对愉悦度（$F(1, 57) = 0.74$，$p=0.39$）和优势度（$F(1, 57)=1.36$，$p= 0.25$）变化的影响消失。被试在不同条件下的愉悦度和优势度的变化趋势如图 9–1 和图 9–2 所示。

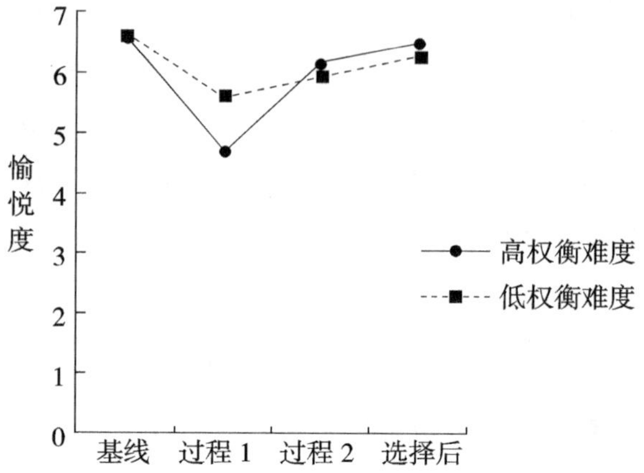

图 9-1 愉悦度的变化趋势图

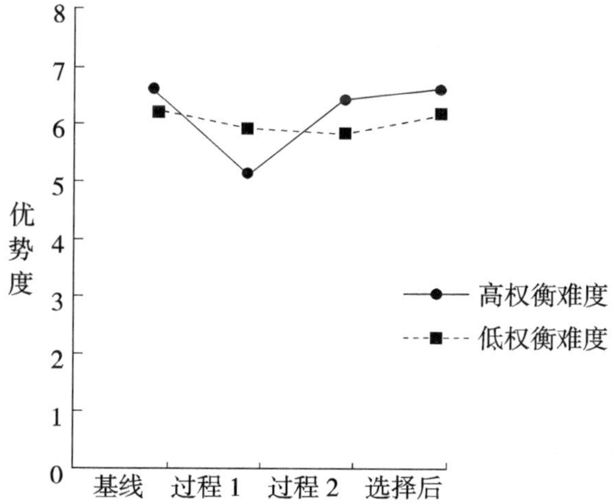

图 9-2 优势度的变化趋势图

（四）讨论

本实验表明，在没有引入延迟选择时，高情绪性权衡难度会激发被试更低的愉悦度和优势度，而在引入延迟选项之后，权衡难度对情绪不同维度的影响均不显著；在高权衡难度条件下，被试更倾向于选择延迟；个体实际的延迟选择行为可中介权衡难度对引入延迟选项前后的愉悦度和优势度的变化量的影响；在整个决策过程中，被试的激活度并无显著变化。正如以往研究曾发现，决策者可能会通过选择回避来应对这种与决策相关的负性情绪（Luce，1998）。另外，本研究也发现，在高情绪性权衡困难条件下，即使只提供这种回避选项，也可以缓解被试的负性情绪，并且最后选择了回避选项的决策者，其负性情绪与引入延迟选项前相比确实获得了明显改善。

本实验最大的贡献在于发现优势度与愉悦度类似，都与延迟选择有密切的关系。优势度表示个体对情景和他人的控制状态，主控或者受控。在高情绪性权衡难度下的决策中，决策者需要在与价值目标高度相关的特性之间进行权衡，在这些特性上的权衡可能会使决策者有种失控感。实验二将通过其他因素来操作情景性决策难度，以进一步检验情绪的不同维度在情景性决策难度对延迟选择影响中的作用。

二、实验二：字体可读性对延迟选择的影响①

（一）实验目的

实验一通过操纵情绪性权衡困难考察在延迟选择过程中，情绪的愉悦度和优势度如何随着权衡难度以及不同的决策阶段而变，以及情绪的不同维度与延迟选择的关系。结果表明，在整个决策过程中，除了情绪的愉悦度之外，优势度也与个体的延迟选择具有密切关系。除了通过与选项本身相关的因素来操纵决策难度外，Novemsky 等（2007）发现，与选项内容本身无关的字体可读性也可作为一种任务变量影响个体的决策难度体验，继而影响到个体的延迟选择行为。当以一种难于阅读的字体呈现选项的时候，被试会更倾向于延迟选择。本研究试图通过操纵字体的可读性，来进一步检验愉悦度和优势度在情景性决策难度对延迟选择影响中的作用。

---

① 本部分已发表英文版，全文见附录八。

（二）实验方法

1. 被试

随机选取 60 名被试，其中男性 32 名，女性 28 名。被试被随机分配到各实验条件。

2. 实验设计

单因素被试间设计，自变量为字体可读性，包括模糊和清晰两个水平。因变量为引入延迟选择前的情绪体验（情绪 1）、引入延迟选择后的情绪体验（情绪 2）、回顾性情绪体验（情绪 3）和最终选择结果。

3. 字体可读性的操纵

本研究根据 Novemsky 等（2007）对字体可读性的操纵方法，在字体可读性高的条件下，用清晰的字体呈现可选项；在字体可读性低的条件下，用模糊的艺术字体呈现可选项。在正式实验之前，随机选取 35 名被试用 9 点 Likert 量表对 2 种字体的可读性难度进行了评定。结果表明，当用不同的字体呈现选项时，被试的阅读难度存在显著差异，$t(34)=6.21$，$p < 0.01$，$M_{易}=1.89$ vs. $M_{难}=7.03$。

4. 实验程序

本实验模拟了一个购买笔记本电脑的决策情景。该情景中，在字体清晰和模糊条件下，研究者为被试提供了相同的两个可选项。实验用 Mouselab 呈现实验情景，并收集相关数据，实验程序与实验一类似。在电脑实验前，用 SAM 量表测量被试的基线情绪，以排除基线情绪对决策过程的影响，测量之后，进入 Mouselab 程序。首先给被试呈现 2 台笔记本电脑的参数，让其选择一个。当被试准备好要做出选择的时候，即可进入下一页，此时计算机上会呈现 SAM 量表，用于测量被试在此决策过程中的情绪体验。评定完之后即可进入下一页，在此页中引入了延迟选项，即告知被试“如果现在您除了可以在上面的 2 台笔记本电脑中选择其一，还可以继续查看其他电脑，那么您又会如何抉择？”下面会有3个可选项，被试可以在这2台笔记本电脑中选择其一，也可以选择“继续查看其他电脑”。当被试准备好要做出选择的时候，即可点击“下一页”，此时计算机上会呈现SAM量表，以测量被试在此决策过程中的情绪体验。评定完之后，计算机会询问被试最后的选择，让被试在包含延迟选择的3个可选项中选择其一。选择之后，进入回顾性情绪评定。除基线情绪外，其余因变量的结果都通过Mouselab程序来记录。

（三）结果分析

1. 字体可读性和延迟选项对情绪的影响

不同测查变量的描述性结果如表9–2所示。

表9–2　不同字体可读性条件下被试的情绪状态和选择情况

字体可读性	情绪维度	决策过程 *M*（*SD*）				延迟选择比例
		基线	情绪1	情绪2	情绪3	
低	P愉悦度	6.17(1.53)	5.60(1.56)	6.03(1.40)	6.03(1.33)	20（0.66）
	A激活度	5.20(1.38)	5.17(1.42)	5.37(1.58)	5.53(1.43)	
	D优势度	5.80(1.78)	5.57(2.20)	6.60(1.54)	6.70(1.73)	
高	P愉悦度	6.10(1.96)	6.30(1.73)	6.93(1.39)	7.10(1.42)	11（0.37）
	A激活度	5.17(1.93)	5.07(1.63)	5.30(1.85)	5.00(1.59)	
	D优势度	5.87(1.87)	6.67(1.27)	7.27(1.29)	6.90(1.08)	

独立样本t检验表明，在不同字体可读性条件下，被试的基线情绪在愉悦度、优势度和激活度上均不存在显著差异。2（字体可读性：高、低）×2（决策阶段：阶段1、阶段2）混合方差分析表明，字体可读性在愉悦度（$F(1, 58)=5.59$，$p<0.05$）和优势度（$F(1, 58)=6.26$，$p<0.05$）上的主效应显著，即相比于字体可读性低的条件，字体可读性高时，个体的愉悦度和优势度会更高。是否引入延迟选项对情绪的愉悦度（$F(1, 58)=6.10$，$p<0.05$）和优势度（$F(1, 58)=11.832$，$p<0.01$）均具有显著主效应，即引入延迟选项后，个体的愉悦度和优势度都有显著提高。其他主效应或交互作用均不显著。

2. 字体可读性对延迟选择行为的影响

卡方检验结果表明，字体可读性显著地影响了被试的延迟选择，χ^2（1）=5.41，$p < 0.05$，即相比于高字体可读性条件，低字体可读性条件下的被试更倾向于选择延迟。

3. 预支性情绪对延迟选择的中介作用

本实验采用 Hayes（2009）的 Bootstrapping 方法验证中介效应。将字体可读性作为自变量，延迟选择行为（0= 延迟，1= 非延迟）作为因变量，并分别将预支性情绪的愉悦度、激活度和优势度作为中介变量放入中介模型中。结果发现，优势度具有显著的中介作用（因置信区间显著偏离零，95% CI=0.02 ～ 2.48），但愉悦度和激活度的中介作用不显著（因置信区间包含零，95% $CI_{愉悦度}$=−1.27 ～ 0.21，95%$CI_{激活度}$=−0.15 ～ 0.17）。

4. 延迟选择行为对回顾性情绪的中介作用

回顾性情绪的测量被用来检验延迟选择是否会在字体可读性对情绪变化的影响中具有中介作用。与实验一类似，统计分析表明，是否选择延迟在字体可读性对情绪优势度的影响上具有中介作用。首先，字体可读性会显著影响优势度的变化，F（1，58）=4.49，$p < 0.05$。其次，是否选择延迟对情绪优势度的变化也有显著影响，F（1，58）=6.80，$p < 0.05$。最后，把是否选择延迟作为协变量时，字体可读性对情绪优势度的变化影响减弱，F（1，58）=3.15，p=0.08。由于字体可读性对愉悦度的变化不存在显著影响，F（1，58）=1.08，p=0.39，所以没有在情绪愉悦度上进行中介作用分析。被试在不同条件下的愉悦度和优势度的变化趋势如图 9–3 和图 9–4 所示。

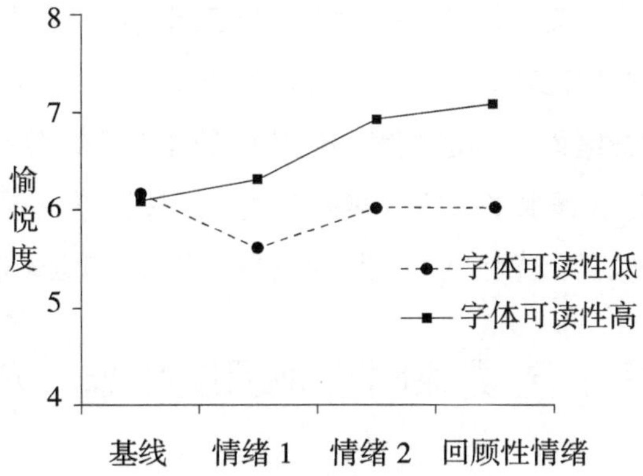

图 9-3 愉悦度的变化趋势图

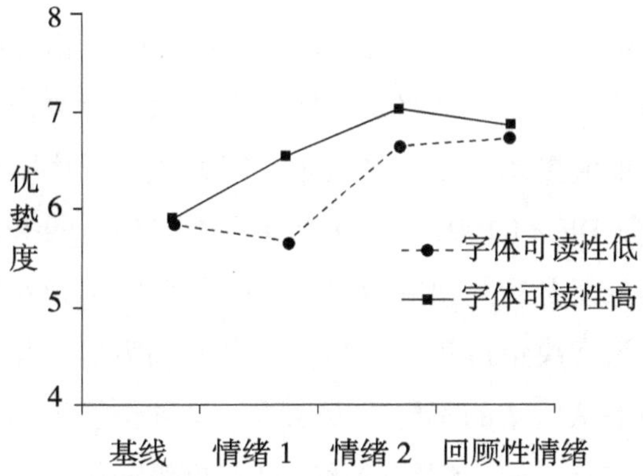

图 9-4 优势度的变化趋势图

（四）讨论

本实验得到了与 Novemsky 等（2007）类似的结果。虽然字体可读性与选择情景和选项内容无关，但作为一个任务变量，同样可对延迟选择和选择过程中决策者的情绪体验有显著影响。相比字体可读性高的条件，在字体可读性低的条件下，引入延迟选项前的预支性情绪的愉悦度和优势度均会显著降低，被试也会更多地选择延迟；另外，中介分析表明，预支性情绪的愉悦度和优势度可中介字体可读性对延迟选择的影响；最后，相比于引入延迟选项前的优势度，选择了延迟的被试其回顾性情绪的优势度会获得显著提高。但是，在整个决策过程中，情绪的激活度则无显著变化。

此外，与实验一类似，情绪的优势度与延迟选择具有密切的关系。在决策过程中，情绪的愉悦度和优势度具有显著相关。对于引入延迟选项前、后的情绪及回顾性情绪而言，愉悦度和优势度的相关系数分别是 0.35、0.28、0.28，均达到统计显著水平。所以实验三试图通过操纵选项间的相对吸引力来分离情绪的愉悦度和优势度，以进一步探讨优势度和延迟选择之间的关系。

三、实验三：选项间的相对吸引力对延迟选择的影响①

（一）实验目的

Tversky 和 Shafir（1992）发现，在决策过程中，相对吸引力会影响决策者的延迟选择行为，当相对吸引力降低时，决策者会产生强烈的偏好不确定感，从而使他们更倾向于选择延迟，以避免这种由不确定感所带来的决策冲突。例如，Dhar（1997）发现，在吸引力相当的条件下，被试的延迟选择比例最高。但是这些研究都没有考察相对吸引力对延迟选择的影响机制。本研究认为在决策过程中，当决策者面临吸引力相当的选项时会产生不确定感，如果从情绪的不同维度来看，这种偏好不确定感可能会给被试带来更多的失控感，即与情绪的优势度会更为相关。本实验试图从被试在决策过程中的情绪体验入手，来探讨相对吸引力对延迟选择行为的影响机制。本研究预测在相对吸引力差异小的时候，被试的优势度会降低，进而会导致更多的延迟选择。在引入延迟选择之后，不管被试最后是否选择延迟，其优势度体验都会提高。

（二）实验方法

1. 被试

有效被试为 60 名湖南师范大学本科生，其中男性 30 名，女性 30 名，

---

① 本部分已发表英文版，全文见附录八。

被试被随机分配到各实验条件。

2. 实验设计

本实验采用单因素被试间设计，自变量为相对吸引力，包括差异大和差异小两个水平。因变量为引入延迟选项前的情绪体验（情绪 1）、引入延迟选项后的情绪体验（情绪 2）和选择结果。

3. 相对吸引力的操纵

本实验共设计了 4 个可选项（房子）。可选项 1 为“新房一室一厅；单独厨卫；走路 10 分钟可到学校；月租 650 元”；可选项 2 为“新房一室一厅；单独厨卫；走路 8 分钟可到学校；月租 680 元”；可选项 3 为“新房一室一厅；单独厨卫；走路 8 分钟可到学校；月租 650 元”；可选项 4 为“旧房一室一厅；单独厨卫；走路 10 分钟可到学校；月租 650 元”。在正式实验前，随机选取 27 名被试用 9 点 Likert 量表对 4 个可选项的吸引力水平进行评定。结果如表 9–3 所示。

表 9–3　预试结果

选项	*M*	*SD*
可选项 1	5.96	1.51
可选项 2	5.56	2.01
可选项 3	7.37	1.55
可选项 4	5.40	2.73

根据预试结果，在吸引力差异小的条件下，选择可选项 1 和可选项 2 作为正式实验的可选项，$t(26)=1.38$，$p > 0.1$。在吸引力差异大条件下，选择可选项 3 和可选项 4 作为正式实验的可选项，$t(26)=3.62$，$p < 0.01$。

为了检测在实验中对选项间相对吸引力的操纵是否适当，研究者另外选取 35 名被试同时对不同条件下的两个选项的吸引力进行评价（请用数字 1 ～ 9 表示每一套房子对您的吸引力程度，其中 1 表示一点也没有吸引力，9 表示非常有吸引力）。结果发现，相对吸引力差异大条件下，两个可选项间的吸引力差异不显著，$t(34)=1.54$，$p > 0.05$，$M_A=6.02$，$SD_A=1.87$ vs. $M_B=5.45$，$SD_B=1.70$。相对吸引力差异小条件下，两个可选项间的吸引力具有显著差异，$t(34)=5.05$，$p < 0.05$，$M_A=6.65$，$SD_A=1.59$ vs. $M_B=4.57$，$SD_B=1.90$。

4. 实验程序

本实验模拟了一个学生找房子复习考研的决策情景。实验运用 Mouselab 程序呈现决策情景并收集相关数据，实验程序与实验一、二类似。实验开始时，让被试想象自己是一个正准备在校外租房复习考研的学生。然后给被试呈现 2 套房子，让其选择其一。当被试准备好要选择的时候，即可点击“下一页”。在此页，被试需基于自身当前的情绪体验对 SAM 量表进行作答，评定完之后点击进入下一页。在此页中引入了延迟选项，即告诉被试除了可以在上述 2 套房子中选择其一，也可以继续查看其他房屋的信息。此时屏幕会呈现 3 个可选项，包括原来的 2 个可选项和 1 个延迟选项，并询问被试会如何选择。在被试准备好要选择的时候，屏幕会再次呈现 SAM 量表以测量被试在此决策过程中的情绪体验。评定完之后被试会进入下一页，完成最后的选择。此外，在正式实验之前，研究者也采用 SAM 量表测量了被试的基线情绪。在完成了 Mouselab 程序之后，被试还需对可选项的吸引力水平在 9 点 Likert 量表上进行评定。

（三）结果分析

1. 对相对吸引力的操纵检测

整个实验平均用时 25 分钟，共记录了引入延迟选项前的情绪体验、引入延迟选项后的情绪体验以及选择结果。不同测查变量的描述性结果如表 9–4 所示。

表 9–4　不同条件下被试的情绪状态和选择情况

相对吸引力	情绪维度	决策过程 *M*（*SD*）			延迟选择比例
		基线	情绪 1	情绪 2	
小	愉悦度	5.97（2.00）	5.77（1.84）	6.73（1.12）	0.60（18）
	激活度	5.63（1.64）	5.37（1.52）	5.80（1.70）	
	优势度	6.03（1.83）	5.17（1.93）	7.06（1.00）	

续表

相对吸引力	情绪维度	决策过程 M（SD）			延迟选择比例
		基线	情绪 1	情绪 2	
大	愉悦度	5.93（1.52）	6.07（1.60）	6.17（1.37）	0.30（9）
	激活度	5.50（1.59）	5.10（1.40）	5.73（1.39）	
	优势度	6.03（1.35）	6.37（1.30）	7.17（1.26）	

2. 相对吸引力和延迟选项对情绪的影响

独立样本 t 检验表明，在不同的相对吸引力条件下，被试的基线情绪在愉悦度、优势度和激活度上均不存在显著差异。本实验在情绪 1 测量之后引入了延迟选择。情绪 1 的测量用来考察相对吸引力对被试初始情绪状态的影响。情绪 2 用来测量引入延迟选择之后，被试的情绪体验。因前两个实验结果表明，回顾性情绪与延迟选择后被试的情绪状态类似，所以在本实验中，没有对被试的回顾性情绪进行测量。

2（相对吸引力：大、小）×2（决策过程：情绪 1、情绪 2）的两因素混合方差分析表明，相对吸引力在愉悦度上的主效应不显著，但是交互作用显著，$F(1, 58)=5.37$，$p < 0.01$。简单效应分析表明，相对吸引力对情绪 1 无显著影响，$F(1, 59)=0.45$，$p=0.56$，但是对情绪 2 具有边缘显著的影响，$F(1, 59)=3.04$，$p < 0.1$。在引入延迟选择之后，在两选项吸引力相当的条件下，被试的愉悦度水平与引入延迟选项之前相比得到了显著提高，$F(1, 59)=13.36$，$p < 0.01$。而在两选项吸引力差异较大条件下，被试的愉悦度水平并没有显著变化，$F(1, 59)=0.14$，$p=0.7$。

在优势度上，相对吸引力的主效应显著，$F(1, 58)=5.09$，$p < 0.05$，交互作用也显著，$F(1, 58)=5.67$，$p < 0.05$。简单效应分析表明，引入延迟选项前被试的优势度差异显著，$F(1, 59)=7.77$，$p < 0.01$，在引入延迟选择之后没有显著差异，$F(1, 59)=0.11$，$p=0.73$。相比于引入延迟选项之前，引入延迟选择之后，被试的优势度无论在吸引力差异大（$F(1, 59)=6.00$，$p < 0.05$）或是差异小（$F(1, 59)=33.86$，$p < 0.01$）的条件下都得到了显著提高。相对吸引力在激活度上的主效应和交互作用均不

显著。此时，在引入延迟选择前后，被试的愉悦度和优势度的相关系数分别是 0.24 和 0.14，均未达到显著水平。这也说明，本实验通过相对吸引力来分离愉悦度和优势度的操纵是成功的。

3. 相对吸引力差异操纵对延迟选择行为的影响

卡方检验表明，相对吸引力差异操纵对延迟选择行为具有显著影响，$\chi^2(1)=5.46$，$p < 0.05$，选项间的相对吸引力差异越小，被试越倾向于延迟选择。

4. 预支性情绪对延迟选择行为的中介作用

本实验采用 Hayes（2009）的 Bootstrapping 方法验证中介效应。将选项间的相对吸引力作为自变量，延迟选择行为（0= 延迟，1= 非延迟）作为因变量，并分别将预支性情绪的愉悦度、激活度和优势度作为中介变量放入中介模型中。结果发现，优势度具有显著的中介作用（因置信区间显著偏离零，$95\%CI=0.03 \sim 1.89$），但愉悦度和激活度的中介作用不显著（因置信区间包含零，$95\%CI_{愉悦度}=-0.61 \sim 0.33$，$95\%CI_{激活度}=-0.20 \sim 0.35$），如图 9-5 和图 9-6 所示。

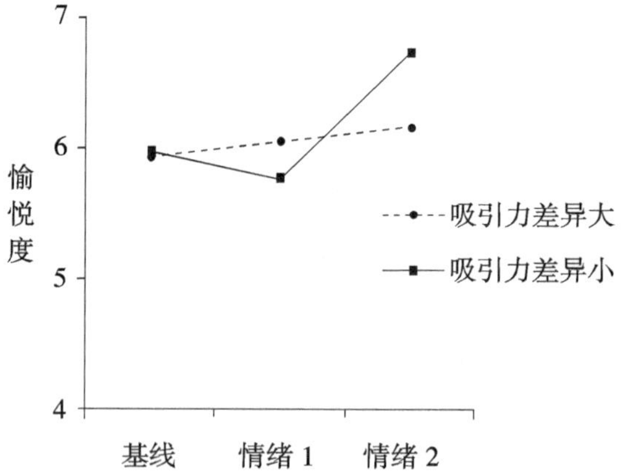

图 9-5　愉悦度变化趋势图

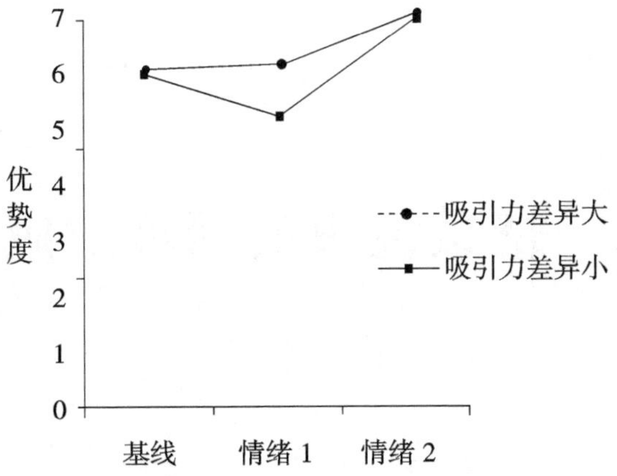

图 9–6 优势度变化趋势图

（四）讨论

该实验表明，相对吸引力会显著影响被试初始情绪的优势度，但是对愉悦度并没有显著影响，达到了分离愉悦度和优势度的目的。在吸引力差异小的条件下，被试的优势度水平更低，进而会做出更多的延迟选择行为，而在引入延迟选择之后，情绪的优势度水平会得到显著提高。中介分析表明，选项间的相对吸引力正是通过影响情绪的优势度，进而影响被试的延迟选择行为。

四、结论

相关研究表明，除了情绪的愉悦度之外，情绪的优势度与延迟选择行为也具有密切关系，而激活度与延迟选择的关系较小；与被试面临艰难决策时的初始情绪相比，即使只呈现延迟选项也可提高其情绪的愉悦度或优势度体验；另外，被试最终的延迟选择行为可中介情景性决策难度对其决策后的回顾性情绪的影响。

第十章 情景性决策困难的应对措施

一、针对商家的建议

传统营销学认为给顾客提供的商品越多越好，因为大选项集能让消费者更加灵活地做出选择，获得更多的自由感，满足多样性需求，提升消费体验。与此同时，商家提供的选项越多，消费者选到理想商品的可能性也就越大。但现实并非总是如此，研究者通过实验发现，当选项过多时选择会变得更加困难，从而使决策者更倾向于延迟选择或者不做选择，同时体验到更多的消极情绪。有研究者发现，减少选项集中的商品数反而会带来销售业绩的上升。

商家应该考虑到所提供的商品数量是否会导致个体的选择超载，若因商品数量过多而导致消费者出现选择困难，购买动机下降，则会产生相反的作用，造成销售额下降。所以有时避免给消费者提供过多的信息，简化消费者选择，反而会获得意料之外的成功。例如，宝洁公司将海飞丝洗发水的品种从 26 种减少到 15 种，其销售量增加了 10%。在一家只有一项套餐的餐厅中，用餐人来自四面八方，他们为不用做决定而感到高兴，出现了“少即是多”的现象。

当然，随着社会、科技的进步和发展，商品种类的日渐增多已不可避免，实际上选择增多也未必就是坏事，因为这样毕竟可以给人们提供更多的选择，使人们可基于自身的需求选择到更适合自己的产品。问题的关键在于无论是消费者还是商家，都应该充分意识到过多选项可能造成的“选择超载”现象，并考虑如何合理规避这种负面影响。对于商家或政策制定来说，应该思考如何合理利用可调节“选择超载”效应的调节变量（如选项信息的复杂度、选项信息的可比性），以降低“选择超载”的负面影响。

首先，可降低选项信息的复杂度。在大选项集中，应注重对商品进行排序和分类，按可比较的属性和不可比较的属性对商品进行分类，以降低选择超载发生的可能性。其次，提供默认选项和推荐商品。当选择超载已不可避免时，商家应提供默认选项及推荐商品。消费者在遇到难以选择的情况时更可能选择默认选项，因为默认选项可以为消费者提供一个参照标准，从而减轻认知负担，此时将默认选项设置为目标商品能有效提高营业额。同时，商家也可根据消费者自己设置的偏好特征，或根据消费者过去的购买历史来推荐商品，推荐商品能让消费者高效地浏览到自己可能偏爱的商品，缩短搜索时间，降低决策难度，从而提高决策质量。

另外，商家可以通过为消费者提供偏好测评工具和产品过滤工具以应对选择超载效应。试想若消费者对商品信息有充分的了解，清楚不同商品特征的重要性以及自己对不同属性的偏好，那么他们就会对自己偏好更加明确，购买率会获得有效提高。此外，在信息搜寻过程中帮助消费者过滤掉无关信息而只保留相关信息，也可以降低消费者的选择超载体验，如在网络销售中利用自定义搜索。但要注意的是，这些工具必须设计得简单易用，否则会进一步增加选择难度，让消费者感到沮丧。此外，在网络销售中可以通过网页设置，启动消费者高水平的心理解释，以减少选择超载效应的发生。同时，由于有研究发现积极情绪可以减少选择超载效应的产生，因此在销售场景中也可以通过广告和购物环境启动消费者的积极情绪，从而减少选择超载效应。

二、针对决策者的建议

上面我们主要从商家的角度提出了一些降低选择超载效应的措施，这些措施也适用于应对其他情景性决策困难。另外，对于决策者而言，也应思考如何提高自己的决策技巧和方法以应对日益增多的商品种类，并针对决策情景合理地调节自身的决策目标和策略，以使自己可以在付出适当努力的基础上做出合理的决策。

当面对复杂的决策情景时，决策者应倾向于采用无意识思维（Unconscious Thought）进行决策。Dijksterhuis 及其同事的一系列研究发现，当面对简单决策（如选择毛巾或防热手套等不太重要的决策、每个选项包含 4 个属性）时，有意识思维将有助于个体做出高质量的决策；但当面对复杂的决策（如选择房屋或汽车等重要决策、每个选项包含 12 个属性）时，无意识思维过程则更有助于提高个体的决策质量，并提升其对决策的满意度（Dijksterhuis et al.，2006a，2006b，2006c）。请设想如果你打算买一套房子，去房产中介那里，中介给你提供了很多套房子，在进行了仔细的比较后，你会发现自己彻底迷失了。这些房子都各有优缺点，而且在很多方面都不太容易进行比较，有的房子大些、但也更贵，有的房子有个小花园很漂亮，还有的房子比较安静，也有的房子装修得很漂亮。你可以有意识地进行比较，但很快你就会发现真的难以选择。此时你也可以考虑选择另外一种方式来解决这个决策问题，你可以选择把这件事情放一放，以后再定。与其让我们的意识纠结于此，不如把这种难题留给无意识来解决，在某个时间点你可能会灵光一现，直觉地感到自己最喜欢哪所房子。

意识思维和无意识思维的主要区别在于注意的指向。意识思维是指个体的注意或意识中心指向当前目标或任务的思维过程，而无意识思维指个体的注意或意识中心指向别处的思维过程。正如在意识思维条件下，研究者会给被试 2 分钟的时间有意识地去思考自己的决策，在无意识思维条件下，研究者则会让被试用 2 分钟做其他事情（Dijksterhuis，2004）。无意识思维理论认为意识思维和无意识思维（或者说是需要注意或不需要注意参与的思考过程）各有优缺点。首先，意识思维是规则驱动的（Rule-based）和非常准确的。这种遵循规则的能力使意识思维可以帮助个体遵照其自我设限，如不超过最高价格的设定。但是意识思维会受有限容量的限制，使其更不适于复杂的决策情景。但无意识思维却不会受意识思维的有限容量所限制，正如在无意识思维条件下，个体可以对大量的信息进行整合以做出一个整体性评估。因此，在复杂情景下，更能彰显出无意识思维过程的优势。

其次，决策者应意识到自身在认知或决策风格上的个体差异或许会影响其应对复杂决策情景的方式及效率，做到有的放矢。例如，Schwartz 等（2002）曾基于个体在决策过程中希望能够达到的目标，提出一种人格特质——“最大化”倾向。该特质具有单维的两极结构，这个维度的一极是旨在选择最优选项的个体，被称为“最优化者”，此维度的另一极则是不追求最优决策，只求达到满意水平的个体，被称为“满意者”。与“满意者”相比，“最优化者”会对选项进行更多的比较，需要更长的时间来进行决策，他们却会对自己的决策更不满意。正如以往研究发现，“最优化者”更容易受到“选项超载”等复杂决策情景的干扰。因此，个体也应意识到自己的决策目标及相应的决策策略可能会给决策行为带来影响。当面临复杂的决策情景时，不应一味地苛求最优化的决策，而更应遵循决策的“满意”原则，从而提高决策体验及决策后的满意度。

最后，决策者应学习采用更有效的简洁启发式策略以适应在不确定性的复杂环境下做出决策。我们通常希望基于尽可能多的信息来做出决策，在决策中表现得更加深思熟虑，认为越是复杂的问题越是需要复杂的解决方案。但实际上在复杂的环境之下，我们可能更应采用一些相对简洁的启发式和思维窍门，此时基于单原因的决策策略或基于忽略的决策方式反而优于深思熟虑之下的决策，正乃“世界如此混乱，不如简单应对”。直觉的艺术就是注重某一部分，而忽略其他部分，根据最佳线索做决定。正如在动物界中，雌性天堂鸟在面对五颜六色的雄性求偶时，如果在综合考虑尾巴的长短、鲜艳的颜色和其他次要性别特征后再做出决策的话，那么它们很可能会陷入到决策困难中而难以抉择。但神奇的是，在观察完所有的雄性后，她们将只会基于尾巴的长度这一条信息做出基于单原因的决策，而这实际上是非常明智的选择，因为尾巴长会更利于飞行，这对于种族的繁衍是非常重要的。

综上所述，如果要积极地应对情景性决策困难，需要商家和决策者的共同努力。商家可以从信息呈现方式、提供决策辅助工具和简化决策选项方面入手，而决策者可从调节自身的决策目标、决策策略和思维方式方面着手。上述途径将有助于个体有效地应对复杂的决策情景，降低情景性决策困难的负面影响。

第三编

职业决策困难

第十一章　职业决策困难概述

一、职业决策困难的概念

为了更好地理解职业决策困难的概念，需要先了解职业决策的内涵。

（一）职业决策

职业决策（Career Decision-making）是职业心理学、职业指导等研究领域的重要内容之一，是指个体在职业决策时，通过提出问题、搜集资料、确定目标、拟订方案、分析评价、最后决定等一系列活动，并不断检查、监督、纠正错误的一个复杂的认知过程，以力争选择一种使自己获得最高收益的方案。简言之，当个人面对多方面的职业选择时，每项选择对其都有一定的价值，职业决策就是个人在多项选择间权衡利弊以获得最大价值的过程。职业决策是一个复杂的认知过程，决策者在此过程中组织有关自我和职业环境的信息，仔细比较各种可供选择的职业前景，做出职业行为的公开承诺。这是目前一种比较有代表性的观点。

（二）职业决策困难的内涵

职业决策困难（Career Decision-making Difficulties 或 Career Indecision）是职业心理学中的一个重要概念。“Career Indecision”表示个体在职业选

择中不能积极决策的困难状态。国内有研究者（刘长江、华正伟，2005；吴小秀，2007）将其翻译为“生涯未决”，也有研究者（顾雪英、姜飞月，2010）翻译为“生涯犹豫不决”，还有研究者（井世洁，2007）将其直接翻译为“职业决策困难”。“Career Decision-making Difficulties”是由Gati、Krausz和Osipow（1996）提出的概念，表示个体在职业决策过程中可能会遇见的具体问题，国内研究者将其直接翻译为“职业决策困难”（杜睿、龙立荣，2006）。有研究者认为生涯未决（Career Indecision）属于职业决策困难（Career Decision-making Difficulties）中的一种（Fabio et al.，2014），也有研究者将“Career Indecision”和“Career Decision-making Difficulties”都统一翻译为“职业决策困难”（李芬芬，2014）。

虽然职业决策困难的研究已经有很长的历史，但是目前仍然还没有形成一个被大家广泛接受的定义（Kelly & Lee，2002）。目前，国内外学者主要从四个角度对职业决策困难进行界定。

第一，个体缺乏做出职业决策的能力。例如，Crites（1969）提出职业决策困难是指个体没有能力选择一个特定职业的行动过程。Tokar等（2003）认为职业决策困难是指个体没有能力选择及承诺于某个职业选择。

第二，个体在职业决策过程中所遇见的各种具体困难。例如，Gati、Krausz和Osipow（1996）提出职业决策困难是个体在职业决策过程中可能会遇见的不同问题。这些问题包括两个方面：阻碍个人做出决策和所做的决策不是最优的决策。周满玲（2007）也认同职业决策困难是个人在职业选择过程中可能遇到的各种具体困难。

第三，个体无法从几个职业选项中选择其一时所产生的决策困难。如龙立荣和彭永新（2000）认为职业决策困难是指个人在职业选择（进入职业生涯阶段或职业调整）过程中，当面临最终选择时所经历的不知道要从事什么职业，或难以从几个职业中选出一个职业的现象。同样，台湾学者吴芝仪（2000）也认为“当一个人尚未或无法在潜在的职业选择中做出明智决定，以承诺投入特定的教育或职业领域时，就被视为出现了职业决策困难”。

第四，个体对职业决策的结果不满意。如 Krumboltz（1976）认为职业决策困难是由于缺乏职业决策的相关经验，或是没有掌握一种系统的决策方法，其实质是产生一种对决策结果的不满意状态。左丹（2009）将职业决策困难定义为在职业选择过程中个体所面临的各种难题，导致决策者无法做出一个满意的职业决策。

每个人在面临职业或专业选择这样的重要决策时，都会体验到一定的困难和冲突，但有的人会较为顺利地跨越这种困难，踏入职业生涯。但对于有些人来说，却未能积极应对职业决策困难，从而可能会导致一系列负面影响。例如，它会导致个体做出不适合自己的职业选择，或者导致个体推迟做出职业选择，进而错过比较好的就业机遇或适合自己的职业等，最后耽误前程。甚至有些年轻人不能承受就业的巨大压力，整天过度焦虑、不安，最后导致抑郁症，甚至选择以死亡来逃避职业选择难题。这不仅会对个人造成严重的身心伤害，也会给其家属以及整个社会造成不良影响。职业决策是每个人都必须经历的一个正常过程，每个人均会遇到一定的困难，只要我们采取一些积极有效的措施，就能处理好职业决策中所遇到的种种困难，避免出现这样的悲剧。因此，职业决策困难领域的研究具有重要实践和应用价值。

二、职业决策困难的类型

为了对职业决策困难这一复杂现象进行更加准确的描述，研究者进一步对职业决策困难的类型进行了理论与实证探讨，相关研究可以让我们更加全面细致地了解职业决策困难的内涵，也有助于为不同类型的职业决策困难者提供更为细致的定制化干预。早期研究者主要基于经验对职业决策困难进行分类。20 世纪 80 年代后期以来，研究者更常以与职业决策困难密切相关的变量为聚类变量，对职业决策困难者进行聚类分析，以区分出不同类型的职业决策困难。

例如，Lucas 和 Epperson（1988，1990）曾根据一系列人格变量（生活风格、自尊、焦虑和控制点等）将职业决策者划分为5类：快乐且工作取向者、焦虑且生涯目标不明者、生涯未定向且缺乏兴趣做决定者、生涯角色进退两难者、快乐且娱乐取向者。Larson 等（1988）则以生涯规划、问题解决、职业偏好等变量为依据将职业决策困难者分为4种类型：无计划且逃避问题者（Planless Avoiders）、有生涯计划但缺乏问题解决能力者（Informed Indecisives）、自信但缺乏生涯信息者（Confident but Uninformed）和缺乏生涯信息者（Uninformed）。Rojewski（1994）根据生涯成熟度等变量将职业决策困难者分为暂时性决定者（Tentatively Decided）、转换性决策困难者（Transitional Indecision）和长期性决策困难者（Chronic Indecision）。

Chartrand 等（1994）则以生涯自信量表（Career Confidence Scale）、职业因素问卷（Career Factors Inventory）、目标稳定性量表（Goal Instability Scale）、自尊量表（Self-Esteem Scale）、职业认同量表（Vocational Identity Scale）为测查工具，将职业决策者分为4类：（1）发展性未决者（Developmentally Undecided），这类人情绪较为稳定，但对整个工作领域缺乏清晰的认识；（2）准备好决定者（Ready to Decide），该类人群占总人数的5%，这类人比其他人在生涯决策上更为成熟，具有更低的焦虑水平、更高的自尊和职业认同感；（3）犹豫不决者（Indecisive），该类人群在职业因素问卷的4个维度（职业选择焦虑、一般性犹豫不决、职业信息需求和自我认识需求）上得分都很高，具有高焦虑、低目标导向、低职业认同感、低自尊和低自信的特点；（4）选择焦虑者（Choice Anxious），该类群体具有一定的职业认同感，但有很高的职业选择焦虑，缺乏自信且目标导向性不足。

Kelly 和 Pulver （2003）以职业因素问卷（CFI）、NEO 五因素人格问卷（FFI）、语言和数学学术评估测验为测量工具对职业决策困难者进行了聚类分析。将职业决策困难者分为4种类型：（1）适应良好的信息寻求者（高职业信息需求、高自我了解需求、低神经质、较高的数学学术能力）；（2）神经质式优柔寡断的信息寻求者（高职业选择焦虑、高一般性犹豫不决、高职业信息需求、高自我了解需求、高神经质）；（3）低能力的信息寻求者（高职业信息需求、高自我了解需求、高外倾性、低言语及数学学术能力、低开放性）；（4）未承诺的外倾者（低自我了解需求、高外倾性、高宜人性、低神经质）。

虽然研究者对职业决策困难究竟有多少种类型还未取得一致意见，但研究者相对一致地认为，职业决策困难至少可以分为发展性困难（Developmental Indecision）和长期性困难（Chronic Indecision）。发展性困难是个体在职业生涯发展历程中均会遇到的一些困惑，这类困难主要与职业信息有关，当个体对自身和工作世界有了更多了解之后，发展性困难就会消失。相对而言，长期性困难则应引起特别关注，因为其具有稳定性、弥散性和跨情景性的特点，与个人的情绪和人格因素相关。

三、职业决策困难的分类模型

（一）职业决策困难的三因素模型（Germeijs & Boeck，2003）

Germeijs 和 Boeck（2003）基于决策中的期望效用模型，认为个体在决策时需要经历一系列的决策阶段（Gati，1986）。阶段 1 个体需要明确和定义决策目标；阶段 2 将这些目标按其重要性进行加权；阶段 3 个体需要确定存在哪些可选项；阶段 4 需基于每个可选项对不同目标的满足程度进行价值评估；阶段 5 将其价值按照目标的重要程度赋予权重；阶段 6 需计算每个选项的总效用值；阶段 7 则需要基于每个选项的成功可能性对其总效用值进行调整。最后个体需选择期望效用值最大的选项。

Germeijs 和 Boeck（2003）基于以往研究提出职业决策困难的来源分为缺乏信息（Lack of Information）、评估问题（Valuation Problems）和对结果的不确定性（Outcome Uncertainty）三个方面。缺乏信息包括对潜在的可选项、可选项的属性等缺乏充分的信息，对应于期望效用模型中的第 3 步（选项识别）和第 4 步（选项评估）；评估问题包括价值观不明晰、价值观冲突和评估均等化，对应于期望效应模型中的第1步（目标识别）和第2步（目标加权）；对结果的不确定性指决策者因不可预测的事件和限制而使其对可选项能否最终获得好结果的不确定感，它对应于期望效用模型的第7步（对成功可能性的评估）。

Germeijs 和 Boeck（2003）在随后的实证研究中通过因素分析发现，确实可以抽取出上述三种相对独立的因素，但却只有评估问题和对结果的不确定性这两个因素对生涯未决具有显著的预测作用。这可能缘于生涯未决主要测查了职业决策的后期阶段，而缺乏信息可能更多地与职业决策的前期阶段相关。

（二）职业决策困难模型（Gati，Krausz & Osipow，1996）

1996年Gati等以规范性职业决策理论为基础，提出了一个“理想职业决策者”模型（Ideal Career Decision Making）。理想职业决策者是指：（1）个体意识到需要进行职业决策，并想要做出这样一个决定；（2）个体有能力做出正确的决策（即决策者可利用适当的步骤，并做出与个人目标相一致的决策）。任何达不到理想职业决策标准的人都会存在一定程度的职业决策困难，这些决策困难的影响主要体现在两方面：妨碍个体做出决策和使个体做出次优决策。

根据“理想职业决策者”模型，Gati等（1996）按照决策前和决策过程中这两个决策阶段，并基于下列标准：属于职业决策过程的相同阶段或相同部分，具有相同的假定来源，此类困难可能产生的影响具有相似性（即暂停决策或做出不太理想的决策），克服困难所需的干预类型相似，将职业困难分为三大类：（1）缺乏准备，主要包含在决策之前的4种困难，如缺乏进行职业决策的动机、涉及任何决策问题的优柔寡断特质、对职业决策过程的不合理信念和对决策过程知识的欠缺；（2）缺乏信息，主要包括缺乏涉及自己的信息、职业的信息以及信息获取途径的信息，因后面两种均涉及外部的客观信息，所以相对于第一种，后两种困难之间的相关性更高；（3）不一致信息，主要包括不可靠的信息（由不可靠或模糊信息所导致的决策困难）、内部冲突（个体的内部冲突）和外部冲突（源自重要他人的影响所导致的外部冲突）。由此 Gati 等（1996）将职业决策困难分为 3 大类、10 小类，形成了一个层级分类模型（见图 11-1）。另外，研究者在 10 小类决策困难之下，又进一步细分出 44 种具体的决策困难（见附录九），且每一类都代表一种不同类型的决策困难。

Gati 等（1996）为了检验最初提出的理论分类，编制了职业决策困难量表（CDDQ），并在此理论模型的基础上，对 CDDQ 的 10 个分量表进行了实证检验。结果发现，“缺乏决策过程知识”在最初提出的分类中（如图 11-1）被归于缺乏准备这一大类下，并假设这种困难出现在个人需要做出特定的职业决策之前，可以通过适当的准备加以预防。然而，实证数据表明，这一类别处于缺乏信息这一大类之下。Gati 等（1996）认为数据偏离最初理论假设的原因如下：首先，被试可能只有在真正开始做出职业决策的过程中，才需要了解关于决策过程的知识。其次，这种知识具有认知基础（如缺乏关于自我或职业的信息），而缺乏准备分类下的其他类别则更多与情绪相关。由此 Gati 等（1996）基于实证数据修订了最初提出的假设性分类模型，并认为修订后的分类模型（见图 11-2）更符合实际情况。但该模型主要从认知角度阐述了职业决策困难的类型，较少涉及人格和情绪因素。

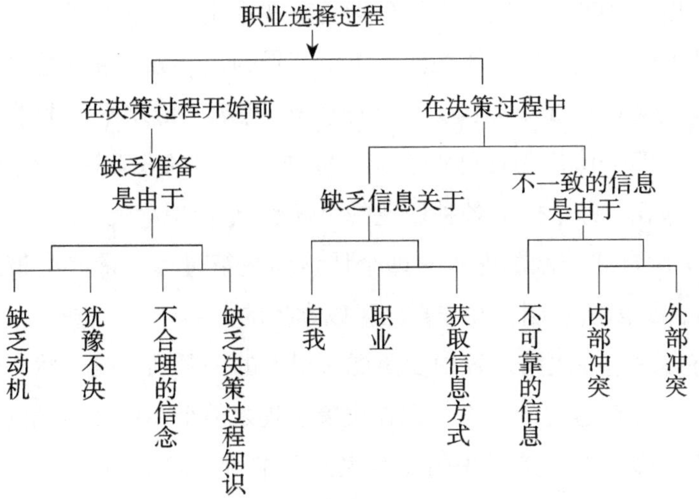

图 11-1　CDDQ 的假设理论模型图

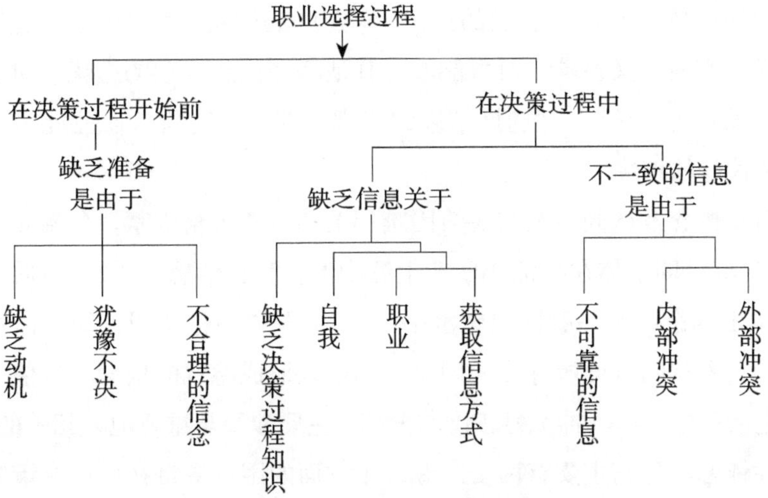

图 11-2　CDDQ 的修正理论模型图

（三）EPCD 模型（Saka，Gati，& Kelly，2008）

2008 年 Saka 等基于以往研究成果提出了与情绪和人格因素相关的职业决策困难模型（Emotional and Personality Career Difficulties，EPCD）（如图 11-3 所示），该模型强调导致职业决策困难的情绪和人格因素。该模型将造成职业决策困难的情绪和人格因素分为 3 大类、11 小类（Saka，

Gati & Kelly，2008）。这 3 大类分别是悲观主义、状态焦虑、自我概念及认同。其中悲观主义指个体关注于决策情景的消极方面和对悲观结果的预期。悲观主义包括 3 小类：（1）对过程的悲观（低水平的职业决策自我效能感），即个体认为自己没有能力完成一个好的职业决策过程；（2）对工作的悲观，即个体对各种职业的负面观点，如认为大多数职业是无趣的；（3）对自我控制的悲观，即个体认为决策过程、最终决策及决策效果是由外部原因所控制，并非自己可以掌控的。

状态焦虑指在决策过程中由焦虑所引发的一系列影响。状态焦虑包括 4 小类：（1）对过程的焦虑，即在决策过程之前个体所体验到的压力感和焦虑，或者缘于对决策过程的完美主义苛求所引起的焦虑；（2）对选择不确定感的焦虑，即个体对未来的不确定感、对处于生涯未决状态的焦虑和对模糊的低容忍性所引发的焦虑；（3）对选择过程的焦虑，包括个体对选择的完美主义追求、对可能放弃其他潜在优质选项的担忧、对承担决策责任的焦虑；（4）对选择结果的焦虑，即个体对所选职业能否满足其预期和偏好的担忧。

自我概念及认同涉及与决策困难相关的一些人格因素。包括 4 小类：（1）自尊，即个体在生活或职业生涯中的自我价值感；（2）特质焦虑，即个体相对稳定的一般性焦虑水平；（3）未结晶化认同，即个体在形成稳定的自我认同方面所存在的困难，如难以形成稳定的信念、价值观、偏好和生活目标；（4）冲突性依恋与分离，主要涉及与重要他人相关的困难。冲突性依恋与分离主要有两个来源，一方面的困难源自在职业决策中个体所承受的来自重要他人的过度批评以及满意感和支持缺失；另一方面的困难则来自对他人认可的过度需求、为了迎合重要他人而以牺牲自己的喜好和目标为代价，以及由这些冲突所引发的羞愧感和焦虑感。

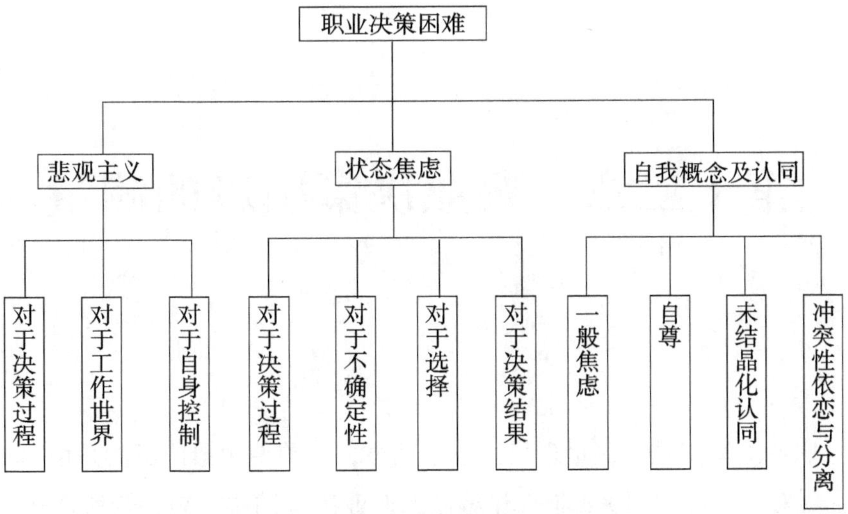

图 11–3　职业决策困难的 EPCD 模型

上述理论从职业决策过程、认知以及情绪与人格方面阐述了职业决策困难的成因，并对职业决策困难的成因进行了细致的划分，这对于职业决策困难领域的测量及干预研究具有重要的理论和实践意义。

第十二章　职业决策困难的测量

职业决策困难的测量最早出现于西方，目前使用最广泛的是由 Gati、Krausz 和 Osipow 于 1996 年合作编制的职业决策困难量表，众所周知中西方文化存在很大的差异，适合西方国家的测量量表可能并不适合中国。因此，国内学者在国外学者的研究基础上，根据我国的实际情况对国外量表进行了修订或重新编制了适合中国的职业决策困难的量表，从施测的结果来看，大多数量表具有较高的信度和效度。

一、国外的职业决策困难量表

国外对职业决策困难的诊断研究，最早开始于 19 世纪 60 年代。目前已发展出大量的职业决策困难量表，其中最具影响力的有 3 个：职业决策量表（CDS）、职业因素问卷（CFI）和职业决策困难问卷（CDDQ）。CDS 从单维度测量职业决策困难，CFI 从 4 个维度测量职业决策困难，CDDQ 则从更多维度测量职业决策困难。因此，CDS、CFI 和 CDDQ 被看成是第一代、第二代和第三代职业决策困难的评估工具，目前使用较为广泛的是 CDDQ。除此之外，研究者也编制了“我的职业情景量表”（MVS）和职业决策剖面图（Career Decision Profile，CDP）。

（一）职业决策量表（CDS）

职业决策量表（Career Decision Scale），是由美国心理学家 Osipow 于 1976 年编制的，Osipow 等为了尽可能找出所有导致职业决策困难的原因，在 1975 年进行了一系列头脑风暴式的会议。最终 Osipow 等找出了导致职业决策困难的 16 个前因，这 16 个前因可归为 4 个因子：缺乏结构与自信（Lack of Structure and Confidence）、主观外部障碍（Perceived External Barriers）、双趋冲突（Approach-approach Conflict）和个人冲突（Personal Conflict）。研究者据此编制了 CDS。CDS 虽然被认为是第一代测量工具，但是得到了研究人员的高度认可和广泛使用。CDS 分为生涯确定（Certainty Scale）和决策困难（Indecision Scale）两个分量表。生涯确定量表用于评估个人对其职业或专业选择的确定程度（比如“我已经对未来从事的职业做出了决定，并且对之感到舒适”）。决策困难量表用于评估职业决策困难的成因（比如“我知道我最终将不得不工作，但是我不知道什么职业能吸引我”）。

Osipow（1987）用两个独立样本分别对 CDS 进行信度检验。结果表明，CDS 的两周重测信度分别为 0.82 和 0.90。Osipow（1994）曾建议将 CDS 作为单一维度测量工具更适合。但是，目前关于 CDS 的因素结构仍存在比较大的争议。有人支持 CDS 四维度的观点（Corkin et al.，2008）。而 Martin 与其同事则认为 CDS 是单维的（Laplante et al.，1994；Martin et al.，1991）。

（二）职业因素问卷（CFI）

职业因素问卷（Career Factors Inventory）是由 Chartrand 等（1990）从经验入手进行合作编制的，最初版本包含两大维度：信息维度（职业信息的需求、对自我认知的需求）和情绪维度（自尊、职业选择焦虑和一般性犹豫不决），共 31 个项目。之后，Chartrand 等人对 CFI 的最初版本进行了修订，修订后的量表包括四个维度：对职业信息的需求、对自我的认知需求、职业选择的焦虑和一般性犹豫不决，共21个项目。施测后的结果表明，量表的四个维度间的相关以及信、效度系数都比较高，不仅可以作为职业咨询和诊断的工具，而且能精确地诊断出个体所遭遇到的决策困难。

CFI 的独特之处是不仅测量了职业决策困难的认知成分（对职业信息的需求和对自我的认知需求），而且还测量了情绪成分（职业选择焦虑和一般性犹豫不决）。CFI 的 4 个分量表的内部一致性信度在 0.73 至 0.87 之间，两周重测信度在 0.79 至 0.84 之间（Chartrand et al.，1990）。验证性因子分析（Chartrand et al.，1990；Dickinson & Tokar，2004）和主成分分析（Lewis & Savicksa，1995）均表明，CFI 存在稳定的四因素结构。

（三）职业决策困难问卷（CDDQ）

职业决策困难问卷（Career Decision-making Difficulties Questionnaire，CDDQ），共有 4 个版本：原版、中学版、网络版和简版。Gati、Krausz 和 Osipow（1996）用理论和实践相结合的方法合作编制了原版，即最初版本，根据其职业决策困难分类模型发展而来（如图 11-1）。该模型提出职业决策困难不仅包括决策开始之前的困难，还包括决策过程中的困难。CDDQ 较 CDS 和 CFI 最大的优势在于可以更全面地识别出职业决策过程中的困难。CDDQ 共包括 44 个项目，反应方式为 9 点的 Likert 量表。

CDDQ 的 10 个分量表的重测信度在 0.51 至 0.72 之间。从内部一致性信度上来看，除不合理信念维度的 α 系数偏低外（以色列样本的 α 系数为 0.29，美国样本的 α 系数为 0.40），其他维度的 α 系数在 0.53 至 0.90 之间。尽管不合理信念的内部一致性偏低，但 Gati 等认为鉴于其对职业决策过程确实有着重要影响，因此不应该将之删除（Gati et al.， 1996）。CDDQ 经过了 4 次修订后的最初版本，信度、效度指标都达到了理想的标准，一致性信度系数为 0.88，具有较好的信效度。Gati 和 Saka（2001a）修订了 CDDQ 的最初版本，合并了一些高相关项目，删除了一些无关项目，最终形成一个 35 项目的 CDDQ，并适用于中学生，即中学版；Gati 和 Saka（2001b）进行了再次修订，使其适用于网络，即网络版。最新版的职业决策困难问卷被称为简版，共有34题，维度和原版相同，信度和效度也与原版基本一致，职业决策困难问卷简版也具有较好的信、效度。

（四）我的职业情景量表（MVS）

Holland、Daiger 和 Power（1980）从理论上认为职业决策困难有3个主要来源：职业认同（Vocational Identity）、职业信息（Career Information）和生涯障碍（Career Barriers），并据此编制了“我的职业情景量表”（My Vocational Situation Scale）。该量表通过检测职业决策的核心要素，来确定个体的职业决策困难程度。强调人格与环境的相互作用，认为人格特质可以通过职业选择来体现，职业选择是人格的表现，同时人格也会对其决策产生影响。该量表包含3个分量表：职业认同分量表、职业信息分量表和障碍分量表，共26个项目。第1个分量表用于测量个人职业决策的清晰度和稳定性；第2个分量表用于测量个人对职业信息的需求程度；第3个分量表测查个体在职业决策时的困难情景。Holland等（1980）的施测结果表明，MVS的信、效度系数较高，可用于个体测验或团体测验，并认为个体出现职业决策困难，是由于个体对职业认同产生困难、缺乏与职业有关的信息或在环境中遇到了困难。

（五）职业决策剖面图（Career Decision Profile，CDP）

Jones 和 Chenery（1980）首先提出了一个由生涯确定性水平、生涯决策舒适度和职业已决或未决的原因这3个维度构成的职业决策状态模型。根据该模型，他们编制了职业决策量表（Vocational Decision Scale，VDS）。该量表原来包括38个项目。剔除13个问题项目之后，因素分析发现，剩余的23个项目可以归为自我不确定（Self-uncertainty）、选择/工作凸显性（Choice/Work Salience）和转换性自我（Transitional Self）3个因子。

1988—1989年，Jones 对职业决策量表进行了修订，最终，Jones（1989）将VDS修订成了只有14个项目的职业决策剖面图（Career Decision Profile，CDP）。该量表主要从果断性（Decisiveness）、生涯决策舒适度（Comfort）和原因（Reasons）3方面全面测查了个体的职业决策状态。其中对原因维度又进行了细分，包括4个维度：自我清晰性（Self-clarity），即个体对自身兴趣、能力、人格以及自身与不同职业的匹配程度的认知清晰度；有关职业和培训的知识（Knowledge About Occupations and Training），即个体是否了解与他们的兴趣和能力相匹配的职业或培训知识；果断性（Decisiveness），即个体自认为胜任独立地、无困难地、没有无故拖延地做出决策；职业选择的重要性（Career Choice Importance），即在当时选择职业或工作的重要性。所以CDP共包括6个分量表，并采用8点Likert进行计分，各分量表的重测信度为0.66～0.80，内部一致性信度为0.68～0.85（Jones & Lohmann，1989）。通过果断性和生涯决策舒适度可以描述个体的职业决策状态，通过原因量表可以进一步明确导致个体当前职业决策状态的原因。该CDP可有助于职业咨询人员确认客户的生涯未决状态，帮助客户明确最适宜的职业服务类型，并有助于评估职业咨询效果（Jones & Lohmann，1998）。

综上，国外关于职业决策困难量表的编制有3种思路：（1）从经验入手，通过把职业决策困难者与无困难者进行比较，获得职业决策困难的核心要素；（2）从职业决策困难的理论入手，通过检测职业决策的核心要素，确定个体职业决策困难的程度；（3）通过理论和经验相结合的方法来获得量表的维度。借助于这3种思路，研究者编制出了可有效测查职业决策困难的量表工作，为职业决策困难的诊断和干预提供了重要支持。

二、国内的职业决策困难量表

国内学者大多是在国外CDDQ的基础上修订了职业决策困难量表（沈雪萍，2005；杜睿，2006；李娜，2009）。但也有研究者根据已有文献和相关理论编制了适合中国大学生的职业决策困难量表（周满玲，2007；左丹，2009）。

沈雪萍（2005）翻译并修订了简版的CDDQ（34题），形成了中文版职业决策困难问卷。翻译后的问卷经过两次修订，才用于正式施测。中文版职业决策困难问卷采用 9 级计分，个人在问卷上的得分越高，其职业决策困难程度越大。研究表明，修订后的中文版职业决策困难问卷结构效度、校标效度较好，内部一致性信度、重测信度较高，可用于我国文化背景下的本土化研究。

杜睿（2006）修订了原版的 CDDQ（44 题）。修订后的问卷包括 3 个分量表：缺乏准备、外部信息紊乱和内部信息紊乱，共 7 个维度：一般性犹豫不决、缺乏决策过程信息、缺乏对职业自我的了解、缺乏职业信息、不可靠信息、内部冲突和外部冲突，总计 22 个项目，采用 5 点计分（1 表示完全没把握；5 表示完全有把握）。正式施测的结果表明，7 个维度的内部一致性信度在 0.68 ～ 0.74 之间，总问卷的内部一致性信度为 0.84，并且修订后的问卷能有效区分有、无职业决策困难的人群。

周满玲（2007）在查阅国内外有关职业决策困难的理论和实证研究的基础上编制了中国大学生职业决策困难量表，共 26 个项目。该问卷包括 2 个分量表：信息认知（自我评价能力、职业熟悉度和社会环境因素）和信息匹配（人—职匹配和社会适应性），采用 5 级计分（1 表示完全不符合；5 表示完全符合）。正式施测的结果表明，该问卷的内部一致性信度为 0.78，重测信度为 0.85，问卷各维度的重测信度在 0.62 ～ 0.81 之间。各维度之间的相关系数在 0.185 ～ 0.411 之间；各维度与总分之间的相关系数在 0.583 ～ 0.715 之间。上述结果说明该问卷的信度较高，可以作为研究大学生职业决策困难的测量工具。

李娜（2009）修订了李西营（2006）编译的大学生职业决策困难问卷。修订后的问卷分为 3 个分量表：缺乏准备量表、信息探索困难量表和冲突矛盾量表，共 35 个项目。该问卷采用 5 点计分，个体在问卷上的得分越高，表明其职业决策困难程度越高。正式施测的结果显示：同质性信度为 0.915，分半信度为 0.914；各分量表与总分之间相关在 0.844 以上；分量表之间的相关系数在 0.590 ～ 0.616 之间。修订后的问卷信度较高，可以为今后研究中国大学生职业决策困难的特点提供科学的测评工具。

左丹（2009）在国内外已有文献的基础上，通过分析、比较和归纳等方法，编制了大学生职业决策困难问卷。该问卷包括 7 个维度：自我认知、职业认知、职业选择焦虑、职业能力、职业性格、职业动机和职业规划，共 32 个项目。施测后的结果显示，该问卷的内部一致性信度为 0.889，分半信度为 0.834，各维度与总分之间的相关系数在 0.56 ～ 0.76 之间。说明了该问卷的信度较高，可以为大学生职业决策困难的研究提供一套有效的测量工具。

综上，国内的职业决策困难问卷版本众多，大多基于国外学者编制问卷的基础之上修订而来。各版本的结构效度都较好，信、效度较高，且结合了本国的文化特点，更适用于我国文化背景下的大学生。国内的职业决策困难问卷可以为我国学者研究职业决策困难提供有效的测量工具。

第十三章　影响职业决策困难的个体因素

一、人格因素

人格（Personality）也称个性，是一个人所具有的与他人相区别的独特而稳定的思维方式和行为风格，是具有一定倾向性和稳定性的心理特征的总和。职业选择可以体现个人的人格特点，职业决策问题本质上是人格问题。因此，大量研究对人格与职业决策困难的关系进行了探讨。其中，一些重要的人格变量（比如，自尊、自我认同、特质焦虑等）已经被研究者建构为职业决策困难的测量维度（Chartrand et al.，1990；Saka et al.，2008），而有些人格变量则仍在被验证当中。由于大五人格为研究者提供了一个比较全面的人格模型，因而近年来也受到了研究者的关注。本部分将主要从基本人格因素（大五人格、主动性人格、自立人格、心理资本、核心自我评价、情绪智力、特质焦虑和自我管理策略）和与职业决策领域直接相关的人格因素（优柔寡断特质、职业决策风格、职业自我效能感、职业自我概念、生涯适应力和专业认同）两个方面进行阐述。

（一）基本人格因素

1. 大五人格

大五人格包括五种人格因素：神经质、责任心、宜人性、开放性和外倾性。在这五种人格特质中，神经质与职业决策困难的密切关系得到了较多支持。比如，Stric（2012）在其研究中发现，神经质是五种人格特质中唯一能显著预测职业决策困难的因子。周文霞、齐晶晶和吕翠（2010）不仅探讨了神经质对职业决策困难总分的影响，还分析了神经质对职业决策困难不同维度的影响。结果显示，神经质是唯一对总体职业决策困难和各维度（缺乏准备、缺乏信息、不一致信息）均会产生影响的人格因子。吴攀攀（2016）的研究也表明，大五人格的各个因素和职业决策困难存在显著的相关关系，其中神经质因素和职业决策困难有显著正相关，且相关系数最大，这说明神经质比其他四个因子能更敏锐地预测职业决策困难。而责任心、宜人性、开放性、外倾性和职业决策困难均呈显著负相关。这些结果表明神经质水平高的人，更容易产生职业决策困难，而责任心、宜人性、开放性和外倾性水平高的人，职业决策困难水平偏低。

神经质能正向预测个体的职业决策困难。这可能是因为神经质主要反映了个体的情绪稳定性水平，也就是情绪调节能力。在神经质上得分高的人情绪敏感、自我调适不良、更容易出现极端情绪，因而会常体验到压力，在面对困境和选择时更容易不知所措，更容易体验到焦虑、胆怯、抑郁等负面情绪，而这些负面情绪会进一步阻碍他们做出正确的决策。因此，在神经质上得分高的人，更容易产生职业决策困难。

责任心能负向预测个体的职业决策困难。这可能是因为责任心是一个人对他人或自己负责的态度，责任心高的人在面对决策困难时，会采取更加积极、有效的方法来解决困难。宜人性能负向预测职业决策困难，这可能缘于宜人性与个体的人际关系有关。高宜人性个体更积极、友善且愿意合作，更富有同情心，也更容易获得社会和他人的支持。因而在面临职业选择时，宜人性水平高的人能明确自我需要，排除不可靠的职业信息，更不容易出现职业决策困难。开放性代表着个体接受新鲜事物的倾向，在开放性上得分高的人，兴趣更广泛，发散思维能力也强，能够积极尝试新鲜事物，并不断探索自己的兴趣爱好。因此，开放性的人在职业决策中能搜索更广泛、更全面的职业信息，更不容易出现职业决策困难。外倾性水平高的人，对生活更热情、更果断、人际交往能力更强、更善于利用各种资源解决实际问题。因此，外倾性水平高的人，更不容易产生职业决策困难。

2. 主动性人格

主动性人格是一种相对稳定的人格倾向，指个体主动而不是被动地适应环境变化。范琳琳、杨锡雨和张艳（2017）发现，个体的主动性人格与职业决策困难间存在显著的负相关关系。范琳琳等（2017）还发现个体对金钱的态度在主动性人格与职业决策困难之间起到一定的中介作用，即主动性人格可以通过金钱态度这一中介变量来对职业决策困难产生影响。这可能是因为个体对金钱的态度越消极，越不看重金钱方面的因素，受金钱的诱惑也越少。这不仅会减少职业选择范围，也会降低其职业决策困难，使其可以根据自己的需求或爱好来决定职业。而低主动性人格的人，在进行职业决策的过程中会出现焦虑、紧张的情绪，也更容易盲目追求金钱或利益，对他人和社会缺乏信任，遇到困难时更容易逃避和放弃，因此在职业决策中容易出现决策困难。该研究说明个体可以通过提高其主动性人格以及对金钱持正确的态度来减少其职业选择困难。

但也有研究者发现，主动性人格与职业决策困难及其各分量表间具有显著的正相关，个体在主动性人格上的得分越高，越容易出现职业决策困难（李江朋，2012；谭佳，2010），这与范琳琳等（2017）的研究结果相反。这可能缘于具有高主动性人格的学生，其职业决策意识出现得较早、程度上也较高，从而使其体验到更强的职业决策困难（谭佳，2010）。

3. 自立人格

自立人格是指个体在遇到问题并独立解决问题的过程中，所形成和发展的一种具有独立性、主动性、责任性、开放性和灵活性特质的综合性人格特征。自立人格是一种积极的人格特质，有利于个体解决在生活中遇到的诸多问题。在职业决策时，自立人格可以帮助个体减少在职业决策困难中面临的焦虑和痛苦，进而降低其职业决策困难水平。

张树凤等（2016）发现，自立人格与职业决策困难呈显著负相关，且自立人格能够显著负向预测职业决策困难。这可能因为高自立者在生活中往往更加积极乐观，会主动地探索职业信息，明确自己的职业目标，也会用更积极的态度来看待决策冲突，从而降低其职业决策困难。研究者还发现，自立水平高的个体其人际自立水平也高，二者呈显著正相关。所以自立人格或许可以通过提高人际积极性、主动性和灵活性，使其广泛积累人际资源，同时也能让个体在需要时可以充分利用这些资源来解决职业决策问题。

4. 心理资本

心理资本是指能够影响个体工作效率的一些个性特征，如自我效能感、乐观、希望、韧性等，这些特征反映了个体对自我的看法，影响着个体的动机和对工作的态度。众多研究发现，大学生的心理资本可显著负向预测其职业决策困难，即个体的心理资本水平越高，越不容易出现职业决策困难（徐辰，2012；赵朝霞、李秉宸，2013）。这可能因为心理资本是一种积极的心理资源，与低心理资本水平者相比，高心理资本水平者在面临职业选择时会采用更积极的方式来应对其决策困难，不仅能够理智地分析问题，还能积极寻求解决问题的办法，从而降低其职业决策难度。另外，高心理资本的个体也更容易获得社会和他人的支持，能做好充分的职业准备，并积极地探索和利用所获得的职业信息，所以更不容易出现职业决策困难。

5. 核心自我评价

核心自我评价（Core Self-evaluations）是指个体对自我能力和价值的最基本评价和估计，是一种总体的自我评价，影响着具体领域的自我评价。吴晓燕（2015）发现，核心自我评价能负向预测个体的职业决策困难，即个体在核心自我评价上的得分越高，其职业决策困难的程度也越低。另外，核心自我评价与个体职业决策困难的消极观念、焦虑和自我认同困难这三个维度呈显著负相关。这可能缘于在核心自我评价上得分高的人，对自我有着更清楚的了解，能明确自己的职业兴趣和方向，可根据自身特性和需要顺利地做出职业决策，从而在一定程度上降低个体的职业决策困难。

6. 情绪智力

情绪智力是指个体监控自己和他人的情绪和情感，并且识别、利用这些信息来指导个体思想和行动的能力。梁富程（2014）发现，情绪智力与职业决策困难以及其各个维度之间呈显著负相关。也就说，个体在情绪智力上的得分越高，其职业决策困难程度越低。这可能是因为个体的情绪智力越高，则对自己和他人的情绪和情感越敏感，也越能有效地调节和应用情绪以适应复杂环境。同时高情绪智力者更不容易被不良情绪所干扰，会对其职业方向和职业目标更加明确，这会在一定程度上缩小职业选择的范围，因此更容易做出职业选择。

7. 特质焦虑

特质焦虑是指个体所表现出的相对持久和稳定的焦虑倾向，是一种长期的习惯性焦虑。姚丽贤（2011）发现，特质焦虑与职业决策困难间呈显著正相关，并且特质焦虑可以通过影响个体的职业决策自我效能感，进而间接影响个体的职业决策。个体的特质焦虑水平越高，其职业决策自我效能感越低，而低自我效能感的个体在职业决策时的自信心偏低，容易感到无助，不易摆脱和控制负性生活事件所带来的消极影响，从而产生职业决策困难。

8. 自我管理策略

自我管理策略（Self-Management Strategies）是指个体在目标选择与目标实现过程中所采取的各种策略，其核心是目标的选择与实现。王超（2010）的研究结果显示，个体的自我管理策略与职业决策困难之间存在显著的负相关关系，即个体的自我管理策略水平越高，其职业决策困难程度越低。研究还发现，自我管理策略与求职清晰度呈正相关，自我管理策略越好的人，其求职清晰度越高。这可能是因为自我管理策略的核心是目标的选择与实现，自我管理策略水平越高的个体，对自己的职业目标越清晰，越能明确自己的职业方向。同时，自我管理策略好的个体在实现目标的过程中所做的行为也多以实现目标为导向，减少了一些不必要的决策行为，因此，更不容易出现职业决策困难。

（二）与职业决策直接相关的人格因素

1. 优柔寡断特质

优柔寡断是职业生涯决策领域中的一个非常重要的概念。Crites（1969）认为优柔寡断是一个人在做决策时，无论这些决策是否重要，都会发生决策困难的现象。期望效用理论认为，对于优柔寡断者而言，拖延的期望效用高于立即做出选择的期望效用，于是优柔寡断者在职业决策中更喜欢拖延决策，因而优柔寡断者在面临职业选择时更容易发生决策困难。熊红星和郑雪（2011）的研究结果发现，具有高优柔寡断特质的人更容易拖延职业决策，并出现决策困难。

2. 职业决策风格

职业决策风格，也叫生涯决策风格，是指个体在职业决策情景中经常采用的行为反应方式，职业决策风格和个体自身的人格特质往往有密切关系。每个人都有自己独特的决策风格，不同的决策风格会导致不同的职业决定，不适宜的决策风格会对个体的职业生涯造成负面影响，正确的决策风格则有利于降低个体的职业决策困难。

王超（2010）将决策风格分为四种类型：理智型、依赖型、逃避型、直觉—冲动型。个体会依据其决策风格进行职业决策，并认为职业决策风格可以通过自我管理策略与求职清晰度等间接影响职业决策困难。何小蕊（2014）的研究结果发现，理智型职业决策风格对职业决策困难有显著的负向预测作用，而逃避和依赖型职业决策风格对职业决策困难有正向预测作用。这可能是因为理智型决策风格的人会更加关注于搜集职业信息，会认真去了解各个选项，并在对各选项进行逻辑和客观的分析与评价后才做出最后的决策，因此理智分析降低了职业决策困难；依赖型决策风格的人，常常需要依靠他人的建议和指导才能做出最后的决策；逃避型决策风格的人遇到问题会选择逃避，不敢直视问题。因此，逃避和依赖型决策风格的个体独立解决问题的能力差，最终导致了职业决策困难。

3. 职业自我效能感

职业自我效能感（Career Self-efficiency）和自我效能感（Self-efficiency）有密切联系。自我效能感最早是由美国心理学家 Bandura 提出，Hackett 和 Betz 在 1981 年首先将自我效能感引入职业心理学，并提出了职业自我效能感的概念。按照 Bandura 对自我效能感的定义，梁富程（2014）认为职业自我效能感是指人们对自己在完成特定职业活动时所具备能力的信心和信念，它不是指工作能力本身，而是指个体对自己工作能力的自信程度。职业自我效能感伴随一个人职业生涯的始终，从职业准备到职业选择，从职业稳定到职业结束，职业效能感都发挥着积极作用。

梁富程（2014）的研究结果显示，职业自我效能感可负向预测个体的职业决策困难，这和姚方圆（2016）的研究结果相同，都说明个体在职业自我效能感上得分越高，其职业决策困难程度越低。同时，研究还发现职业自我效能感在情绪智力和职业决策困难之间起着部分中介作用。朱春艳和侯志瑾（2011）同样发现，职业决策自我效能感及其部分维度与职业决策困难之间存在显著负相关。高自我效能感的人更不容易产生职业决策困难，这可能缘于职业自我效能感可影响人们面对决策困难的态度。高自我效能感个体，在面对困难时会更有自信，始终相信通过努力可以克服困难，因此更不容易出现职业决策困难，且高自我效能感的人，其职业目标更明确，会主动探索和收集职业信息，提前完成职业规划，并通过各种方式做出职业决策；而自我效能感低的人在困难面前缺乏自信，畏畏缩缩，不敢尝试，缺乏信心，从而导致难以做出决策，更容易出现职业决策困难。

4. 职业自我概念

职业自我概念的形成与发展贯穿人的一生，并在职业发展理论中处于核心地位。职业自我概念是个体认为与职业有关的自我品质的集合，包括能力、人格特质、价值观、自尊和自我效能等五个维度。职业自我概念是由个体的自我概念转化而来，个体职业生涯的发展实际上是个体逐步发展和运用其自我概念的过程。个体的职业自我概念越具体、清晰，就越能够帮助个体清晰地认识和了解自我，并有助于其做出合理的职业决策。章娟（2011）的研究发现，职业自我概念与职业决策困难之间存在显著的负相关，且回归分析发现，职业自我概念的社会自我维度和心理自我维度能较好地预测个体的职业决策困难。在进行职业决策时，个体需要权衡职业兴趣、价值观或职业能力等，个体对职业自我概念模糊时，会难以明确自我的职业兴趣和方向，缺乏对自身清晰的认识，在职业决策时会盲目选择，或很难做出正确、适当的职业选择。职业自我概念清晰的个体对自身的职业兴趣、能力和需求等都有比较清晰的了解，明确知道自己的职业方向，知道自己适合什么职业，并且能根据自身的特点选择适合自己的职业，做出正确、明智的职业选择。因此，自我概念越清晰的个体，越不容易产生职业决策困难。

5. **生涯适应力**

生涯适应力，也叫做职业适应力，是适应力在职业生涯领域中的运用。赵小云和郭成（2010）认为生涯适应力就是个体适应生涯角色变化并保持平衡的一种能力，是一种可以培养并促进个体不断前进的能力，也是个人与环境相互作用的结果。姚方圆（2016）的研究结果显示，生涯适应力对职业决策困难具有显著的负向预测作用。生涯适应力水平高的学生，相信自己能妥善地处理各种职业的突发情况，因此，生涯适应力越好的人，越不容易产生职业决策困难。

6. **专业认同**

专业认同是指个体对自己专业的认同感。韩永楠（2014）发现，专业认同总分及其各因子与职业决策困难的总分及其各因子之间均呈显著负相关，这说明了个体在专业认同上的得分越高，其职业决策困难程度就越低。这可能是因为个体对自己的专业越认同，就越能明确自己的职业目标和方向，这在一定程度上缩小了职业选择的范围，从而降低了职业决策困难。

二、人口学变量

人口学变量对职业决策困难也有一定的影响，这主要包括：性别、年级、专业、兼职经历、学校类型和家庭来源等因素。

（一）性别

王艳等（2009）发现，不同性别的大学生在职业决策困难的犹豫不决因子上存在显著差异，且男生的犹豫因子得分明显低于女生，也就是说男生在面临职业决策时，出现犹豫不决的现象要比女生少，更不容易出现决策困难。李娜（2009）发现，在职业决策困难以及信息探索分量表上存在显著的性别差异，这和王艳等（2009）和张新科等（2008）的研究结果相似。研究还发现，在职业决策困难的犹豫不决、职业信息、社会环境信息、信息获取渠道和情绪不适这五个因子上，女生得分均高于男生；而在不合理信念、外部冲突两因子上，男生得分高于女生。总体而言，在面临职业选择时，女生比男生更容易出现决策困难。

上述结果可能缘于男女之间在性格和思维上的差异，在职业决策时，男生处理问题较女生更为果断，通常会快速地做出决定；相反，女生在处理问题时较男生更犹豫不决，通常是比较若干次后才会做出决策，从而导致女生在面临职业选择时更容易出现优柔寡断、情绪不适应的现象。此外，与西方国家相比，中国传统的男尊女卑观念仍然存在，家庭和社会对男性的职业往往有更高的期待，而传统观念通常认为女生是柔弱的、需要保护的对象。这样的传统观念会促使男性在信息探索方面表现得更加积极，而女性受此观念所影响，会降低在职业决策或信息探索时的主动性和积极性，导致女生在职业信息获取上有更多的困难，最终导致职业决策困难。

（二）年级

王艳等（2009）的研究结果表明，不同年级的大学生在职业决策困难上存在显著差异，在职业决策困难的缺乏准备、犹豫不决、缺乏信息、缺乏职业决策过程的信息、缺乏有关自我的信息、缺乏有关职业的信息和缺乏信息获取途径的信息各因子上，大三年级学生的得分均显著高于大四学生，即大三年级的学生比大四年级的学生存在更多的职业决策困难，这和李娜（2009）的研究结果相似。该研究发现，不同年级的大学生在职业决策困难上存在显著差异，大体呈现倒“U”型趋势，即决策困难水平在大二年级达到顶峰后逐渐下降，大四年级的职业决策困难水平最低。

上述结果可能是由于大四学生已经在应对寻找工作的压力，因此会更加注意和搜集与自身专业有关的职业信息，并为将来毕业时的职业选择提前做好准备。而大一、大二年级的学生，则认为毕业还早，工作离自己还比较遥远，所以暂时没有关注与职业或专业有关的各种信息。因此，在面临职业决策时，与大一、大二、大三年级的学生相比，大四学生的职业决策困难程度反而更低。

（三）专业

王艳等人（2009）发现，不同专业的大学生在职业决策困难的内部冲突上存在显著差异，文科学生在内部冲突上的得分显著高于理科学生。这可能是因为文、理科学生的思维方式不同。与理工科生相比，文科生更容易感性地看待问题，对事物容易产生热情和形成兴趣，但其自身能力有时却不足以实现这些兴趣。而与文科学生相比，理工科学生则偏向于逻辑思维，处理事情更理性和实际，因而文科学生比理工科学生更容易产生内部冲突，导致职业决策困难。

李芬芬（2014）的研究结果发现，不同专业的大学生在职业决策困难的过程焦虑、不确定性焦虑、结果焦虑、特质性焦虑、职业自我未定型、依恋和分离的冲突以及焦虑分量表上都存在显著差异，并且均表现出文科学生在这些分量表上的得分显著高于理工科学生。这和王艳等（2009）的研究结果相同，即与理工科学生相比，文科学生更容易在职业选择中出现决策困难。但也有研究得到了相反的结果（李娜，2009），即文科学生比理工科学生表现出更少的决策困难，这也可能是因为文科学生更容易发现自己的兴趣爱好，因此在职业选择时更有针对性，减少了职业选择的范围，在一定程度上降低了职业决策难度。

综上，不同专业对职业决策困难的影响，虽然在学术界没有一个统一的结论，但从以上研究中可以发现，不同专业学生的职业决策困难程度存在一定的差异。

（四）学校类型

李娜（2009）调查了三类学校：重点本科、一般本科和专科院校的学生的职业决策困难，结果发现，不同学校类型的学生在职业决策困难程度上存在显著差异。在信息探索分量表上，重点本科学生的决策困难水平显著低于专科院校的学生；在冲突矛盾分量表上，重点本科学生的决策困难水平显著低于一般本科院校和专科院校的学生；在职业决策困难的犹豫不决、职业信息探索、社会环境信息探索和情绪不适上，重点本科学生的困难水平显著低于专科院校的学生，且在情绪不适因子上，一般本科院校学生的决策困难水平也显著低于专科院校学生。这可能和当今社会注重学校的学历层次有关，相对于专科院校的学生，重点本科的学生在选择工作时会有更多的优势，因而更加自信，消极情绪更少。同时，重点本科的学生对专业的认可度更高，也更加明确自己的职业方向。因此，和一般本科和专科院校的学生相比，重点本科生的职业决策困难程度更低。

（五）家庭来源

李娜（2009）发现，不同家庭居住地（家庭来源）的学生在职业决策困难以及一些因子上存在显著差异。总体而言，居住在大城市里的学生，其职业选择的范围更广，搜集信息的能力更强，获取的职业信息更全面，因而其职业决策困难要显著低于乡镇的学生。吴攀攀（2016）也发现来自农村的大学生在职业决策困难的总分、冲突矛盾、信息探索困难分量表上的得分均显著高于来自城市的大学生，来自乡镇的大学生在信息探索困难分量表上的得分也显著高于城市学生，这和李娜（2009）的研究结果相似。上述结果说明了家庭来源对大学生的职业决策困难存在一定的影响，来自城市的学生的职业决策困难水平要低于来自农村或乡镇的学生。

第十四章　影响职业决策困难的环境因素

一、家庭因素

家庭是在婚姻关系、血缘关系或收养关系的基础上产生的，在亲属之间构成的基本社会生活单位，是幸福生活的一种表现。家庭环境是影响青少年进行职业选择的重要因素之一。家庭因素主要通过父母教养方式、家庭支持方式等来影响孩子的职业决策困难，如果父母没有处理好家庭环境对孩子的影响，很有可能会造成子女未来的职业决策困难。

（一）父母教养方式和家庭支持

父母教养方式是指父母在抚养、教育子女的行动中通常使用的方法和行为风格，是父母各种行为特征的总体概括和总结，具有相对的稳定性。父母教养方式反映了家长和子女之间互动的性质，具有跨情景的稳定性。父母教养方式作为个体成长环境中一个特殊的影响因素，会对个体的心理产生多方面影响。家庭成员中对青少年影响较大的还是父母，父母可以通过日常生活中的行为潜移默化地影响青少年的职业自我效能感，从而间接影响青少年的职业决策困难。

吕英建（2010）和赵辉（2012）都发现，在具有父母温暖理解的家庭中长大的孩子更不容易出现职业决策困难。这可能是由于父母的亲情温暖、理解行为增强了孩子的自尊心，让他们可以感受到更高的自我价值，因此在进行职业选择时有更强的自信心，其职业自我认同感也较高，更愿意积极探索自己的职业发展方向，确定自己的职业目标。同时，父母的支持和鼓励也会让他们感受到更多的社会支持，从而使他们更容易选择出适合自己的职业。所以，在充满温暖与理解的家庭中长大的学生，其职业决策困难程度更低。

而那些在父母严厉惩罚、过度干涉的家庭环境中长大的孩子，对职业决策有着更多的不确定感，不确定自己的职业目标，也不会探索自己的职业发展方向，得到的社会支持也比较少，导致其在职业决策时缺乏自信，产生自卑等情绪，从而不能顺利做出职业决策，产生决策困难；而父母的过度保护则会使子女失去自我成长和锻炼自己能力的机会，养成依赖家庭的不良习惯，并逃避进行职业生涯规划和搜索职业信息，不能明确自己的职业发展方向；父母拒绝和否认的行为也会使子女处于一种被动的状态，甚至会导致子女产生更多的内外部冲突，最终导致职业决策困难。因此，相比而言，在温暖、理解、民主和支持的家庭氛围中长大的孩子，更不容易产生职业决策困难。

研究者还发现，积极健康的家庭支持可以为个体提供良好的发展环境，从而帮助个体建立较强的自我效能感以及锻炼职业决策的能力。Nota 等（2007）考察了父母支持对职业决策困难的影响。研究表明，对于女生而言，职业自我效能感可完全中介父母支持与职业决策困难间的关系；对于男生而言，父母支持不仅直接影响职业决策困难，还可通过职业自我效能感对职业决策困难产生间接影响。Restubog、Florentino 和 Garcia（2010）也发现，父母支持可通过职业决策自我效能感对个体的生涯决定产生间接影响。最近也有研究表明，家庭支持还可以通过提高个体自尊水平降低其职业决策困难（Stric，2012）。

（二）依恋类型

以往研究发现，个体与亲密抚育者所建立的依恋关系对职业决策困难具有重要影响。比如，吴小秀（2007）考察了亲子依恋质量、积极生涯态度与职业决策困难的关系。结果显示，无论是父亲依恋还是母亲依恋，亲子间的依恋质量越高，则越能促进其积极生涯态度，进而降低职业决策困难。也有研究认为焦虑型依恋风格与职业决策困难存在密切关系，安全型依恋风格与职业决策困难并不存在显著相关（Scott & Church，2001）。最近研究者进一步测查了依恋风格对职业决策困难的影响机制。比如，Downing 和 Nauta（2010）、Braunstein-Bercovitz 等（2012）的研究显示，焦虑型依恋风格除了可以直接影响职业决策困难外，还可通过消极情绪（如焦虑和悲观主义）对其产生间接影响。

（三）家庭来源

家庭来源，即一个人的家庭是来自城市还是来自乡镇。李娜（2009）发现，不同家庭居住地的学生在职业决策困难上存在显著差异。赵辉（2012）也发现，家庭经济状况与职业决策困难之间存在显著的相关关系，较好的家庭经济条件有利于降低个体的职业决策困难程度。正如，通常来自城市家庭的学生的职业决策困难程度要低于来自农村和城镇家庭的学生。

（四）家庭成员的结构

家庭成员的结构对孩子将来的职业决策也有一定的影响。赵冯香（2005）的研究显示：独生子女与非独生子女在职业决策困难的问题解决分量表上存在显著差异，非独生子女比独生子女的问题解决自我效能感更高。这样的差异可能因为在只有一个孩子的家庭中，父母更偏向溺爱孩子，过度干涉和包揽孩子的生活，易导致孩子过分依赖父母，失去锻炼独立生活能力的机会，缺乏自立能力。此外，非独生子女和独生子女在社会适应性上也存在显著差异，与独生子女相比，非独生子女的适应性更高。适应性高的非独生子女，在面临职业选择时，能较好地适应环境的变化，并选择适合自己的职业，因此在职业决策时很少出现决策困难。

二、学校支持因素

学校支持，是指学校为学生提供一些就业平台、职业辅导或者职业信息等，学校支持对学生的职业决策也会产生一定的影响。通常，与学校支持感低的学生相比，学校支持感高的学生更不容易出现职业决策困难。学校支持感高的学生可以通过就业平台获得物质或政策上的帮助，可以通过职业辅导学习各种职业技巧。与未接受过职业指导或学习过职业辅导相关课程的学生相比，那些接受过职业指导或学习过职业辅导相关课程的学生会体验到更低的职业决策困难。

李西营（2006）也发现，在职业决策困难的缺乏信息和不一致信息维度上，接受过职业辅导和未接受过职业辅导的学生之间存在显著差异。与接受过职业辅导的学生相比，没有接受过职业辅导的学生更容易出现职业决策困难。可能是因为接受过职业辅导的学生，更愿意进行职业生涯规划，也能合理地制定规划，确定职业目标，并形成正确的就业价值观。同时，职业辅导也是学校支持的核心部分。因此，接受过职业辅导的学生的学校支持感更高，在职业决策时会更从容和自信，更不容易出现决策困难。

三、社会因素

（一）社会支持

社会支持是指社会（包括家庭成员、朋友、同事或单位）在各方面给予个体的精神支持和物资帮助的总和，反映了一个人与社会联系的密切程度和质量。社会支持能减轻个体的心理应激反应，缓解精神紧张状态，提高社会适应能力。杨琛（2014）认为社会支持是影响个体职业决策行为的重要因素之一。

徐辰（2012）发现，社会支持及各维度与职业决策困难及其各维度之间均存在显著负相关关系。即社会支持可以直接影响个体的职业决策困难，并且社会支持还可以通过心理资本间接影响个体的职业决策困难，心理资本在社会支持和职业决策困难之间起着一定的中介作用。这可能是因为个体的社会支持水平越高，其可利用的社会资源和支持就越多，在进行职业选择时可以获得的职业信息也就越多。此外，在现实生活中，个人获得的社会支持水平越高，其在职业选择时的自信心也越强，越容易解决问题，因此更不容易产生职业决策困难。

王璐（2014）的研究表明，职业决策困难总分与社会支持总分存在显著的负相关关系，并且职业决策困难各个维度与社会支持的家庭支持、朋友支持和社会支持等维度间均存在显著的负相关关系。回归分析的结果表明，社会支持对职业决策困难具有显著的负向预测作用，说明了家庭、朋友或社会等给予个体的社会支持越高，其越不容易出现职业决策困难。这可能是因为社会支持代表着更多的社会资源，个体获得的社会支持越多，则越能积累更多的实用性就业信息和更准确的资料，从而帮助个体做出更合理的决策。因此，个体在职业决策过程中遇到困难时，应积极主动地向亲人或朋友寻求帮助，并虚心接受其意见，做出合理的决策，以降低个体的决策困难程度。

（二）社会技能

社会技能也被称作社会交往技能，是个体介入、适应、发展、协调和处置社会关系的一种能力，也是个体影响和操纵他人的一种行为模式（秦启文、黄希庭，2001）。秦琼（2015）发现个体的社会技能和与人为善、社交性、社会羞涩这 3 个维度与职业决策困难之间存在显著的负相关关系。研究还发现职业决策困难的缺乏准备、信息探索、冲突矛盾分量表与社会技能的与人为善、社交性和社会羞涩等维度之间存在着显著负相关。这些结果说明了个体的社会技能越高，在职业决策时越不容易出现决策困难，因此，个体可以通过提高社会技能，来减少其职业决策困难的程度。

第十五章　职业决策困难的应对措施

影响职业决策困难的因素有很多，减少或缓解个体的职业决策困难也十分有必要。为了提高和培养个体的职业决策能力，使其能够掌握良好的决策技巧，更好地适应和应对职业选择的压力，促进其身心健康和职业生涯的顺利发展，就需要学校、家庭和社会的共同配合与支持。除此之外，个体还需要提高自身的决策技能，掌握职业决策的方法和技巧，这样个体才能有效地减少并积极应对职业决策困难。总体而言，我们可以从以下几个方面着手，正确地应对职业决策困难。

一、家庭、学校和社会相结合

积极应对职业决策困难，需要家庭、学校和社会三者相结合，为个体减少职业决策困难提供多方面的支持。

（一）家庭支持

父母可以通过家庭教养方式来影响孩子的职业决策能力，并减少其职业决策困难。吕英建（2010）发现，与在缺乏温暖与理解的家庭中长大的学生相比，在温暖与理解的家庭中长大的学生在进行职业决策时会做出更为积极的自我探索，同时能感受到更多的社会支持，进而体验到更少的职业决策困难。父母在生活中应该给予孩子足够的温暖和宽容，给予孩子更多的自由，并理解孩子的行为，与孩子民主相处，增强孩子的自尊心，使孩子身心健康地成长，减少生活中的专断行为，提高职业选择的动机水平，并减少其在职业选择中的犹豫不决行为，从而促进孩子顺利做出选择，降低其职业决策困难。

王娜（2016）提出父亲如果对子女有过高的期待，就会容易给子女造成就业压力，降低其职业决策动机水平，导致其出现职业选择困难。反之，若对子女的要求过少，同样也会使得子女缺乏职业决策动机，造成选择困难。因而父母对子女的期待要适当，过高或过低的期待都容易降低孩子的职业决策动机，使其缺乏决策能力，最终产生职业决策困难。

最后，在溺爱环境中长大的孩子，可能会因父母的过分顺从和庇护，而缺少锻炼个人能力的机会，不能适应陌生的职业环境，在各种职业选择中无法抉择，并且更容易产生焦虑不安等负面情绪，对自己的职业也充满了更多的不确定性。所以，父母应减少对子女的过多干涉，理解并支持子女的思想或行为，给子女足够的锻炼自己能力和自我成长的机会，减少其对家庭的过度依赖。

（二）学校和社会支持

学校可以通过完善就业平台，提供丰富的职业信息，加强职业辅导，增加实习机会，根据学生类型提高职业决策能力来减少学生在职业决策过程中的困难。

首先，高校应该大力建设并完善就业指导与服务的平台、拓宽就业渠道、丰富就业信息、制定支持就业的各种政策、设立职业咨询与测评机构、成立并运行就业指导部门等。也可以积极利用各种平台：微信公众号、招聘网站、高校官网等，为学生提供更多的职业信息，增加就业机会。还可以通过举办招聘会、双选会或宣讲会等为学生直接提供就业机会，扩大职业选择的范围，减少学生的职业决策困难。

其次，学校还可以通过职业团体辅导，以及开设提高应聘技巧的讲座等方式为学生提供职业辅导。学校提供职业辅导主要是使学生能更清晰地认识自我，从而选择合适的职业目标，准确地做出职业规划，缩小职业选择的范围，减少职业决策困难。诸多研究表明，与接受过职业辅导的大学生相比，未接受过职业辅导的大学生更容易发生职业决策困难（赵辉，2012；周洁，2008）。有效的职业辅导有利于大学生对自己的职业生涯进行探索并做出合理的规划。因此，学校应该广泛开展职业教育，甚至可以从新生入学开始，帮助学生树立职业生涯规划意识以及明确职业目标，并通过开展有针对性的职业辅导活动，引导学生形成正确的择业观，有效地减少学生在职业决策中的困难。

学校可着重从两方面入手开展大学生的职业辅导：（1）通过职业辅导课程帮助学生树立正确的职业观，指导学生做好职业规划。个体是否拥有正确的择业价值观和择业心态是其能否找到适合职业的重要影响因素之一。通过职业辅导可以对学生的职业价值观和择业心态进行调适，帮助学生树立正确的择业价值观，并纠正其不合理的心态，进而减少其在职业决策中的困难，找到适合自己的职业。（2）学校还可以开设创新就业辅导课程，除了通过传统的教学方法（如老师授课同学听课）讲授理论知识外，还可以采用各种形式来增加学生的学习兴趣，如举办讨论会、辩论赛等，让学生们积极参与，最后由老师点评，让同学们在辩论及讲评的过程中体会什么是正确的择业观、如何正确寻找职业信息等，这些方法都能有效地减少个人在面临职业决策时的决策困难。

然后，给学生提供职业辅导，可以从增加大学生专业实习、见习的机会着手，不断增加学生的工作经验，特别是与专业有关的工作经验（胡秋莉，2011）。专业实习、见习等都是大学生获得工作经验的最直接、最有效的途径。在专业实习、见习过程中，学生需要完成正式员工的工作，因此可以把专业知识与具体工作相结合，学习社交技能，并把工作中的各种经历进行整合，总结为自己的工作经验。正是这些经验，可以提高个体的自我效能感，提高自信，进而减少个体在职业决策中的困难。因此，高校应该为大学生们提供更多的专业实习或见习机会，可以使专业实习常规化。这样才能有效地增加学生们的工作经验，减少他们在职业决策中犹豫不决或缺乏自信的现象，从而顺利地做出职业选择，降低职业决策困难。

再次，学校还可以通过提高学生的职业决策能力来减少其职业决策困难（张铮，2014）。要提高学生的职业决策能力，首先要培养学生的决策意识，让学生对未来的职业发展充满信心。此外，高校的就业指导部门还应对大学生的职业生涯决策类型进行分析，根据学生的不同类型实施不同的方案来提升其职业决策能力。对于独立决策型的学生，应该提醒他们多多向教师、同学请教；对于依赖决策型的学生，应该帮助他们增强决策意识，勇敢承担责任；对于拖延逃避型的学生，应该引导他们正确地分析自我与外部环境，增强其职业决策动机；对于探索未决型的学生，可以拓宽他们的视野，并提高他们搜索职业信息并进行逻辑分析的能力；对于焦虑未决型的学生，应该疏导他们的焦虑紧张情绪，并增强其抵抗压力与面对挫折的能力。因此应针对不同学生的决策特点实施差异化辅导方案，这样可有效地提高个体的职业决策能力，进而减少其职业决策困难。

最后，社会支持除了可以直接影响个体的职业决策困难，还可以通过心理资本间接影响个体的职业决策困难，心理资本在社会支持和职业决策困难之间起一定的中介作用（徐辰，2012；张平、刘畅、倪士光，2014）。因此，要减少个体在职业决策时的选择困难，社会可以加大对社会成员的支持，为社会成员提供更多的可利用社会资源、更多的就业机会和实用性职业信息。提高社会支持，可以增加个体职业选择的范围与信心，从而减少其职业决策困难。

二、开发心理资本，提升自我效能感

心理资本是包含自我效能感、乐观、希望、坚韧等特质在内的一种积极心理状态，心理资本中比较重要的一个因素是自我效能感。自我效能感是人们对自己完成特定的活动或行为时所需能力的信心和信念，是指个体对自己工作能力的自信程度，并对个体的职业生涯起着积极作用。自我效能感是影响个体职业决策的主要因素之一，与自我效能感较低的人相比，自我效能感高者更不容易出现职业决策困难，并且能更好地根据自身情况做出适合自己的职业决策。这可能是因为个体的自我效能感越高，其恐惧感会越少，对成功有更高的预期，进而影响其处理问题的方式以及面对问题的态度，并促使其积极解决决策困难。

高校可以通过开设一些职业课程来提升学生的职业自我效能感。把提升自我效能感作为这些课程的重点内容，通过访谈成功人士、参与实践活动、自我激励等方式来增强个体职业决策的信心与能力，并提升其自我效能感，使个体可以积极应对并减少职业决策困难。除了提升自我效能感之外，我们还可以通过开发希望、乐观和坚韧等积极品质来开发心理资本。希望感可以通过设置目标、参与活动、制定替代性的方案和最终实现目标的方式来进行，通过设定一些小目标，亲自参与并最终完成计划实现目标的过程，可以增加个体的希望感。乐观和坚韧等品质也可以通过自我暗示或改变错误认知、形成正确认知等方式来提升，例如，不断暗示自己要客观、坚韧，最终个体也会朝自我暗示的方向改变。

开发个体的心理资本，不仅应是高校就业指导与服务部门的工作要求，而且也应该成为个体提升自身能力的自我追求。一方面高校要充分开发学生的积极心理资本，使学生可以更加积极、乐观、自信地应对就业压力，缓解其职业决策困难。另一方面，个体也要认真学习各种决策技能和方法，并参加一些专业训练，不断开发心理资本，提升个体的自我效能感，降低其职业决策困难。

三、形成正确认知

当今社会竞争激烈，大学生的数量成倍增长，加上社会和企业对人才的要求变高，加重了大学生的职业决策困难。但面对同样的就业压力和就业环境，有人将其视为挑战、动力，并不断激励自己在困难中勇往直前；而有人则将其视为威胁、障碍，开始逃避和退缩。同样的就业环境，不同的人有不同的应对行为，这是因为每个人对困难的认知和评价不同，将就业压力视为动力的人会更加努力地克服当前困难，而将其视为困难的人只会想尽一切办法逃避困难。所以改变个体对社会或事件的消极认识，形成积极的认知方式，可以有效提高个体的决策能力，减少其职业决策困难。

个体在职业决策中需要重新审视自己，如果个体对自我不能做出正确的认识和评价，则更容易出现决策困难。帮助个体形成正确的认知，教师和家长都应该引导其正确地看待和评价自我，通过对职业压力或环境进行客观分析，使其以乐观、积极的心态来看待挫折或烦恼。如果学校或家庭对有职业决策困难的学生不加以重视，也不进行正确的鼓励和引导，久而久之，这些学生会逃避职业选择，盲目择业或应付就业。这样不仅会加重个体的职业决策困难，而且也会严重影响其职业生涯发展，严重者甚至会影响其身心健康以及健全人格的发展。

同时，教师和家长是学生接触最多的人，其认知方式也会对学生造成潜移默化的影响，因此教师和家长更要以身作则，为学生养成乐观、积极的心态提供一个良好榜样，使学生可以在面对不利的就业条件时，能够积极调整自己的心态，形成良好的就业意识和心态，顺利做出适合自己的职业决策。同时家长也不要给学生太大的压力，要多鼓励和引导其正确地看待自己的能力和明确自己的职业方向，帮助其找到适合自己的职业，最终减少他们的职业决策困难。

四、学习决策方法

个体也可以通过学习掌握一些实用的决策方法和技巧以减少职业决策困难，如学会运用 SWOT 分析法。旧金山大学的 Weihrich 教授于 1982 年提出了 SWOT 分析法（又称为态势分析法）。SWOT 是由四个英文单词的首字母所组成：优势（Strength）、劣势（Weakness）、机会（Opportunity）和威胁（Threat），其理论模型见图 15-1。SWOT 分析就是将与研究对象

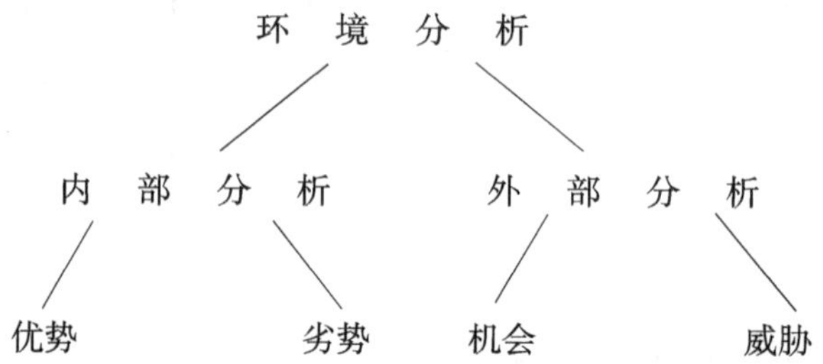

图 15-1 SWOT 矩阵模型图

密切相关的各种内部的优势、劣势以及外部的机会、威胁等分别列举出来，并以矩阵形式加以排列（见表 15-1），然后系统地把各种因素相互匹配起来加以比较分析，从而得到相应结论的一种方法。SWOT 分析可以对具体情景进行全面、系统、准确的分析，决策者可以根据 SWOT 分析得出的结论制定相应的战略、计划或对策等，但需要注意优势和劣势不是绝对的，它们之间经常可以互相转换。

表 15-1 SWOT 矩阵图

内部环境 / 外部环境	优势（Strengths）	劣势（Weakness）
机会（Opportunities）	SO 组合	WO 组合
威胁（Threats）	WT 组合	WT 组合

对个体的职业决策过程进行 SWOT 分析，可以帮助个体对自身能力进行审视与检验，帮助其正确认识自身劣势，并充分发挥自身的优势。杨英和龙立荣（2005）提出个体可以通过构建个人职业决策的 SWOT 矩阵图来减少职业决策困难。个体可通过与他人的比较，考察周围的职业环境，认清自身的优势和劣势，认清职业环境的机会和威胁，构建出自身的 SWOT 矩阵图，再系统分析自身的优势和发展机遇，确定自己的职业发展道路，从而清晰地认识到自己的不足和外在威胁，并不断提升自我，积极进行职业选择，降低职业决策困难。

职业决策困难是每个人在成长过程中均会经历到的一种决策困难，当然每个人所体验的困难程度和解决困难的速度会有所差异。应该说，职业决策困难对于个人来说是挑战，更是机遇。只要社会、家庭和个人自身能够积极配合，采取适当的措施，那么个体就可以顺利地解决职业决策困难，成功地迈入人生的下一阶段。

参考文献

[1] 杜睿，龙立荣 . 大学生职业决策困难问卷的初步研究 [J]. 中国临床心理学杂志，2006，14（3）：237–239.

[2] 杜睿 . 大学生职业决策困难的研究 [D]. 武汉：华中师范大学，2006.

[3] 范琳琳，杨锡雨，张艳 . 大学生主动性人格、金钱态度与职业决策困难的关系研究 [J]. 青少年学刊，2017（4）：17–24.

[4] 韩永楠 . 大学生专业认同与职业决策困难的关系 [D]. 西安：陕西师范大学，2014.

[5] 何小蕊 . 硕士研究生自我同一性、职业决策风格与职业决策困难的关系研究 [D]. 大连：辽宁师范大学，2014.

[6] 胡秋莉 . 大学生的成就动机、一般自我效能感与职业生涯决策的关系研究 [D]. 呼和浩特：内蒙古师范大学，2011.

[7] 胡心怡，刘霞，申继亮，等 . 生活压力事件、应对方式对留守儿童心理健康的影响 [J]. 中国临床心理学杂志，2007，15（5）：502–503.

[8] 姜乾金 . 特质应对方式问卷 [Z].1999.

[9] 井世洁 . 职业决策困难结构的研究综述 [J]. 人类工效学，2007，13（1）：56–58.

[10] 李芬芬 . 大学生情绪和人格方面的职业决策困难量表的修订与应用 [D] . 长春：东北师范大学，2014.

[11] 李江朋 . 高职生主动性人格、社会支持与职业决策困难的关系研究 [D]. 南京：南京师范大学，2012.

[12] 李娜 . 大学生职业决策困难问卷修编及其特点研究 [D] . 成都：西南大学，2009.

[13] 李文利，钱铭怡 . 状态特质焦虑量表中国大学生常模修订 [J] . 北京大学学报（自然科学版），1995，31（1）：108–114.

[14] 李西营 . 大学生职业决策困难的特点及其影响因素研究 [D] . 成都：西南大学，2006.

[15] 李晓明，傅小兰 . 情绪性权衡困难下的决策行为 [J] . 心理科学进展，2004，12（6）：801–801.

[16] 李晓明，谢佳 . 偶然情绪对延迟选择的影响机制 [J] . 心理学报，2012，44（12）：1641–1650.

[17] 梁富程 . 大学生情绪智力、职业自我效能感与职业决策困难的关系研究 [D] . 烟台：鲁东大学，2014.

[18] 刘长江，华正伟 . 生涯未决类型研究述评 [J] . 辽宁师范大学学报（社会科学版），2005，28（6）：45–48.

[19] 龙立荣，彭永新 . 国外职业决策困难研究及其启示 [J] . 人类工效学，2000，6（4）：45–49.

[20] 吕英建 . 大学毕业生职业决策困难与父母教养方式的关系 [J] . 河南大学学报（社会科学版），2010，50（3）：142–146.

[21] 秦启文，黄希庭 . 社会技能构成因素及其意义 [J] . 心理学探新，2001，21（1）：54–57.

[22] 秦琼 . 大学生社会技能、职业决策自我效能感与职业决策困难的关系研究 [D] . 成都：西南大学，2015.

[23] 奥西普，菲茨杰拉德 . 生涯发展理论 [M] . 上海教育出版社，2010.

[24] 沈雪萍 . 大学生职业决策困难的测量及干预研究 [D] . 南京：南京

师范大学，2005.
[25] 谭佳. 大学生主动性人格和职业决策困难的关系研究 [J]. 广西教育学院学报，2010，16（3）：54–57.
[26] 王超. 大学生的决策风格、自我管理策略、求职清晰度与职业决策困难的关系 [D]. 济南：山东师范大学，2010.
[27] 王璐. 大学生社会支持、职业生涯探索与职业决策困难的关系研究[D]. 大连：辽宁师范大学，2014.
[28] 王娜. 父母教养方式与中职生职业决策困难的关系研究 [D]. 上海：上海师范大学，2016.
[29] 王艳，张郢，王玮，等. 大学生职业决策困难的特点分析 [J]. 中国健康心理学杂志，2009，17（7）：849–851.
[30] 吴攀攀. 人格和职业决策困难的关系：社会支持和自我概念的中介作用 [D]. 郑州：郑州大学，2016.
[31] 吴小秀. 大学生亲子依恋、积极生涯态度与生涯未决的关系研究[D]. 北京：首都师范大学，2007.
[32] 吴晓燕. 大学生生涯社会支持、核心自我评价与职业决策困难的关系研究 [D]. 南京：南京师范大学，2015.
[33] 吴芝仪. 生涯辅导与谘商：理论与实务 [M]. 嘉义：涛石出版社，2000.
[34] 谢亚宁. 简易应对方式问卷 [Z].1999.
[35] 熊红星，郑雪. 生涯决策中的优柔寡断 [J]. 心理科学进展，2011，19（8）：1214–1223.
[36] 徐辰. 大学生社会支持、心理资本与职业决策困难的关系研究 [D]. 哈尔滨：哈尔滨工程大学，2012.
[37] 杨琛. 高职生成就动机、社会支持与职业决策困难的关系研究 [D]. 西宁：青海师范大学，2014.
[38] 杨国庆. 情绪与延迟选择的关系: 基于PAD情绪模型的研究[D]. 长沙: 湖南师范大学，2012.

[39] 杨英，龙立荣 .SWOT 分析法在职业生涯决策中的运用［J］. 华东经济管理，2005（2）：81–84.
[40] 姚方圆 . 硕士生生涯适应力对职业决策困难的影响研究：以职业决策自我效能感为中介［D］. 南京：南京师范大学，2016.
[41] 姚丽贤 . 特质焦虑、职业决策自我效能与职业探索对大学生职业决策困难的影响研究［D］. 曲阜：曲阜师范大学，2011.
[42] 张平，刘畅，倪士光 . 大学生的职业决策困难与社会支持、幸福感［J］. 中国心理卫生杂志，2014，28（10）：778–781.
[43] 张秋棠 . 信息的外部表征方式对风险回避行为的影响研究［D］. 长沙：湖南师范大学，2011.
[44] 张树凤，丁玲，胡冬梅，等 . 大学生自立人格与职业决策困难的关系：状态 – 特质焦虑的中介作用［J］. 中国临床心理学杂志，2016，24（4）：684–688.
[45] 张新科 . 大学生职业决策困难特点及其与应对效能、社会支持关系的研究［D］. 大连：辽宁师范大学，2008.
[46] 张铮 . 大学生职业生涯决策分析与干预策略［J］. 继续教育研究，2014（8）：69–71.
[47] 章娟 . 大学生职业自我概念与职业决策困难的关系研究［D］. 南京：南京师范大学，2011.
[48] 赵朝霞，李秉宸 . 大学生职业决策困难的结构方程模型［J］. 浙江社会科学，2013（11）：146–150.
[49] 赵冯香 . 大学生职业决策量表的编订及应用研究［D］. 杭州：浙江大学，2005.
[50] 赵辉 . 大学生职业决策困难的影响因素研究［J］. 湖北社会科学，2012（9）：160–163.
[51] 赵小云，郭成 . 国外生涯适应力研究述评［J］. 心理科学进展，2010，18（9）：1503–1510.
[52] 周洁 . 大学生职业决策困难及其与人格的关系研究［D］. 南宁：广

西师范大学，2008.
[53] 周满玲 . 大学生职业决策困难量表的编制 [D] . 成都：西南大学，2007.
[54] 周文霞，齐晶晶，吕翠 . 大学生的职业决策困难：人格因素对其有影响吗？[J] . 重庆理工大学学报（社会科学），2010，24（10）：10–16.
[55] 左丹 . 大学生职业决策困难及干预研究 [D] . 兰州：西北师范大学，2009.
[56] ANDERSON C J.The psychology of doing nothing：forms of decision avoidance result from reason and emotion [J] .Psychological Bulletin，2003，129（1）：139–167.
[57] BARKLEY–LEVENSON E E，FOX C R.The surprising relationship between indecisiveness and impulsivity [J] .Personality and Individual Differences，2016，90：1 – 6.
[58] BECHARA A，DAMASIO H，TRANEL D，et al.Deciding advantageously before knowing the advantageous strategy [J] .Science，1997，275（5304）：1293–1295.
[59] BEKKER H L.Making choices without deliberating [J] .Science，2006，312（5779）：1472–1472.
[60] BELL D E.Regret in Decision Making under Uncertainty [M] . INFORMS，1982.
[61] BETTMAN J R，LUCE M F，PAYNE J W.Constructive consumer choice processes [J] .Journal of Consumer Research，1998，25（3）：187–217.
[62] BRAUNSTEIN–BERCOVITZ H，BENJAMIN B A，ASOR S，et al.Insecure attachment and career indecision：Mediating effects of anxiety and pessimism [J] .Journal of Vocational Behavior，2012，81（2）：236–244.

[63] CARMON Z, WERTENBROCH K, ZEELENBERG M.Option Attachment: When Deliberating Makes Choosing Feel like Losing [J] . Journal of Consumer Research, 2003, 30 (1) : 15–29.

[64] CHARTRAND J M, MARTIN W F, ROBBINS S B, et al.Testing a level versus an interactional view of career indecision [J] .Journal of Career Assessment, 1994, 2 (1) : 55–69.

[65] CHARTRAND J M, ROBBINS S B, MORRILL W H, et al.Development and validation of the Career Factors Inventory [J] .Journal of Counseling Psychology, 1990, 37 (4) : 491–501.

[66] CHEN Y, MA X, PETHTEL O.Age differences in trade–off decisions: older adults prefer choice deferral[J].Psychology & Aging, 2011, 26(2): 269–273.

[67] CHERNEV A, GAL D.Categorization Effects in Value Judgments: Averaging Bias in Evaluating Combinations of Vices and Virtues [J] . Journal of Marketing Research, 2010, 47 (4) : 738–747.

[68] CHERNEV A, HAMILTON R.Assortment Size and Option Attractiveness in Consumer Choice Among Retailers [J] .Journal of Marketing Research, 2009, 46 (3) : 410–420.

[69]CHERNEV A.Decision Focus and Consumer Choice among Assortments[J]. Journal of Consumer Research, 2006, 33 (1) : 50–59.

[70] CHERNEV A.When More Is Less and Less Is More: The Role of Ideal Point Availability and Assortment in Consumer Choice [J] .Journal of Consumer Research, 2003, 30 (2) : 170–183.

[71] CHERNEV A, BCKENHOLT U, GOODMAN J.Choice overload: A conceptual review and meta - analysis [J] .Journal of Consumer Psychology, 2015, 25 (2) : 333–358.

[72] COOKE A D J, MEYVIS T, SCHWARTZ A.Avoiding Future Regret in Purchase–Timing Decisions [J] .Social Science Electronic Publishing,

2001，27（4）：447–459.

[73] CORKIN D，ARBONA C，COLEMAN N，et al.Dimensions of Career Indecision among Puerto Rican College Students [J] .Journal of College Student Development，2008，49（2）：1–15.

[74] DHAR R，NOWLIS S M.The Effect of Time Pressure on Consumer Choice Deferral [J] .Journal of Consumer Research，1999，25（4）：369–384.

[75] DHAR R.Context and Task Effects on Choice Deferral [J] .Marketing Letters，1997，8（1）：119–130.

[76] DHAR R.The effect of decision strategy on deciding to defer choice [J] . Journal of Behavioral Decision Making，1996，9（4）：265–281.

[77] DHAR R，NOWLIS S M.The effect of time pressure on consumer choice deferral [J] .Journal of Consumer Research，1999，25（4）：369 – 384.

[78] DICKINSON J，TOKAR D M.Structural and discriminant validity of the career factors inventory[J].Journal of Vocational Behavior，2004，65(2): 239–254.

[79] DIEHL K，POYNOR C.Great expectations?! Assortment size，expectations，and satisfaction [J] .Journal of Marketing Research，2009，47（2）：312–322.

[80] DIJKSTERHUIS A，BOS M W，NORDGREN L F，et al.On Making the Right Choice：The Deliberation–Without–Attention Effect [J] . Science，2006，311（5763）：1005–1007.

[81] DIJKSTERHUIS A.Think Different：The Merits of Unconscious Thought in Preference Development and Decision Making [J] .Journal of Personality & Social Psychology，2004，87（5）：586.

[82] DOWNING H M，NAUTA M M.Separation–Individuation，Exploration，and Identity Diffusion as Mediators of the Relationship between Attachment

and Career Indecision[J].Journal of Career Development, 2010, 36(3): 207–227.

[83] DROLET A, LUCE M F.The Rationalizing Effects of cognitive load on emotion–based tradeoff avoidance [J] .Journal of Consumer Research, 2004, 31 (1) : 63 – 77.

[84] FABIO A D, PALAZZESCHI L, ASULINPERETZ L, et al.Career indecision versus indecisiveness: Associations with personality traits and emotional intelligence[J].Journal of Career Assessment, 2013, 21(1): 42–56.

[85] FABIO A D, PALAZZESCHI L, LEVIN N, et al.The Role of Personality in the Career Decision–Making Difficulties of Italian Young Adults [J] . Journal of Career Assessment, 2014, 23 (2) : 281–293.

[86] FABIO A D.Decisional procrastination correlates: personality traits, self–esteem or perception of cognitive failure? [J] .International Journal for Educational & Vocational Guidance, 2006, 6 (2) : 109–122.

[87] FERRARI J R, DOVIDIO J F.Behavioral information search processes by indecisives [J] .Personality and Individual Differences, 2001, 30: 1113 – 1123.

[88] FERRARI J R, DOVIDIO J F.Examining behavioral processes in indecision: Decisional procrastination and decision–making style [J] . Journal of Research in Personality, 2000, 34 (1) : 127 – 137.

[89] FOLKMAN S, LAZARUS R S.Coping as a mediator of emotion [J] . Journal of Personality and Social Psychology, 1988, 54 (3) : 466 – 475.

[90] FROST R O, SHOWS D L.The nature and measurement of compulsive indecisiveness [J] .Behav Res Ther, 1993, 31 (7) : 683–692.

[91] FROST R O, TOLIN D F, STEKETEE G, et al.Indecisiveness and hoarding [J] .International Journal of Cognitive Therapy, 2011, 4 (3) :

253 - 262.

[92] GATI I, KRAUSZ M, OSIPOW S H.A taxonomy of difficulties in career decision making [J] .Journal of Counseling Psychology, 1996, 43 (4) : 510–526.

[93] GATI I, SAKA N.High School Students' Career - Related Decision - Making Difficulties [J] .Journal of Counseling & Development, 2014, 79 (3) : 331–340.

[94] GATI I, SAKA N.Internet–based versus paper–and–pencil assessment: Measuring career decision–making difficulties [J] .Journal of Career Assessment, 2001, 9 (4) : 397–416.

[95] GATI I.Making career decisions: A sequential elimination approach [J] . Journal of Counseling Psychology, 1986, 33 (33) : 408–417.

[96] GAYTON W F, CLAVIN R H, CLAVIN S L, et al.Further validation of the Indecisiveness Scale [J] .Psychological Reports, 1994, 75 (3 Pt 2) : 1631.

[97] GERMEIJS V, DE BOECK P.A measurement scale for indecisiveness and its relationship to career indecision and other types of indecision [J] . European Journal of Psychological Assessment, 2002, 18 (2) : 113–122.

[98] GERMEIJS V, DE BOECK P.Career indecision: Three factors from decision theory [J] .Journal of Vocational Behavior, 2003, 62 (1) : 11–25.

[99] GERMEIJS V, VERSCHUEREN K, SOENENS B.Indecisiveness and High School Students' Career Decision–Making Process [J] .Journal of Counseling Psychology, 2006, 53 (4) : 397–410.

[100] GERMEIJS V, VERSCHUEREN K.Indecisiveness and Big Five personality factors: Relationship and specificity [J] .Personality & Individual Differences, 2011, 50 (7) : 1023–1028.

[101] GERMEIJS V， VERSCHUEREN K.Indecisiveness： Specificity and predictive validity[J].European Journal of Personality，2011，25(5)：295–305.

[102] GOODMAN J K， MALKOC S A.Choosing here and now versus there and later： The moderating role of psychological distance on assortment size preferences [J] .Journal of Consumer Research， 2012， 39 (4) ：751–768.

[103] GOURVILLE J T， SOMAN D.Overchoice and Assortment Type： When and Why Variety Backfires [J] .Marketing Science， 2005， 24 (3) ：382–395.

[104] GREIFENEDER R， SCHEIBEHENNE B， KLEBER N.Less may be more when choosing is difficult： choice complexity and too much choice [J] .Acta Psychologica， 2010， 133 (1) ： 45–50.

[105] GUNASTI K， ROSS W T.How inferences about missing attributes decrease the tendency to defer choice and increase purchase probability [J] .Journal of Consumer Research， 2015， 35 (5) ： 823–837.

[106] HACKETT G， BETZ N E.A self-efficacy approach to the career development of women [J] .Journal of Vocational Behavior， 1981， 18 (3) ： 326–339.

[107] HASTIE R.Problems for Judgment and Decision Making [J] .Annual Review of Psychology， 2003， 52 (1) ： 653.

[108] HAYNES G A.Testing the boundaries of the choice overload phenomenon： The effect of number of options and time pressure on decision difficulty and satisfaction [J] .Psychology & Marketing， 2010， 26 (3) ： 204–212.

[109] HOLLAND J L， DAIGER D C， POWER P G.Assessing the construct validity of Holland， Daiger， and Power's measure of vocational identity [J] .Measurement and Evaluation in Counseling and Development，

1980，22（3）：117 - 125.

[110] ISEN A M.An Influence of Positive Affect on Decision Making in Complex Situations：Theoretical Issues With Practical Implications [J] .Journal of Consumer Psychology，2001，11（2）：75–85.

[111] IYENGAR S S，LEPPER M R.When choice is demotivating：can one desire too much of a good thing? [J] .Journal of Personality & Social Psychology，2000，79（6）：995–1006.

[112] JACKSON C J，FURNHAM A，LAWTY–JONES M.Relationship between indecisiveness andneuroticism：the moderating effect of a tough–mindedculture [J] .Personality & Individual Differences，1999，27（4）：789–800.

[113] JACOBY J，SPELLER D E，KOHN C A.Brand choice behavior as a function of information load：Replication and extension [J] .Journal of Marketing Research，1974，11（1）：63 - 69.

[114] LERNER J S，KELTNER D.Beyond valence：Toward a model of emotion–specific influences on judgement and choice [J] .Cognition & Emotion，2000，14（4）：473–493.

[115] JONES L K，CHENERY M F.Multiple subtypes among vocationally undecided college students：A model and assessment instrument [J] . Journal of Counseling Psychology，1980，27（27）：469–477.

[116] JONES L K，LOHMANN R C.The Career Decision Profile：Using a Measure of Career Decision Status in Counseling [J] .Journal of Career Assessment，1998，6（2）：209–230.

[117] JONES L K.Measuring a three–dimensional construct of career indecision among college students：A revision of the Vocational Decision Scale：The Career Decision Profile [J] .Journal of Counseling Psychology，1989，36（4）：477–486.

[118] KAYA M.Psycho education program for prevention of test anxiety on 8th

grade students to reduce anxiety and indecisiveness [J] .European Journal of Interdisciplinary Studies, 2015, 1 (1) : 37 - 43.

[119] KELLY K R, LEE W C.Mapping the domain of career decision problems [J] .Journal of Vocational Behavior, 2002, 61 (2) : 302–326.

[120] KELLY K R, PULVER C A.Refining Measurement of Career Indecision Types: A Validity Study [J] .Journal of Counseling & Development, 2011, 81 (4) : 445–453.

[121] KIM H W, KANKANHALLI A.Investigating User Resistance to Information Systems Implementation: A Status Quo Bias Perspective[J]. Mis Quarterly, 2009, 33 (3) : 567–582.

[122] KRUMBOLTZ J D.This Chevrolet Can't Float or Fly [J] .Counseling Psychologist, 1976, 6 (3) : 17–19.

[123] LANGE J, KRAHÉ B.The Effects of Information Form and Domain–specific Knowledge on Choice Deferral [J] .Journal of Economic Psychology, 2014, 43 (3) : 92–104.

[124] LAPLANTE B, COALLIER J C, SABOURIN S, et al.Dimensionality of the career decision scale: Methodological, cross–cultural, and clinical issues [J] .Journal of Career Assessment, 1994, 2: 19 - 28.

[125] LARSON L M, HEPPNER P P, HAM T, et al.Investigating multiple subtypes of career indecision through cluster analysis [J] .Journal of Counseling Psychology, 1988, 35 (4) : 439–446.

[126] LAZARUS R S.Progress on a cognitive–motivational–relational theory of emotion [J] .American Psychologist, 1991, 46 (8) : 819–34.

[127] LEWINSOHN S, MANO H.Multi–attribute choice and affect: The influence of naturally occurring and manipulated moods on choice processes [J] .Journal of Behavioral Decision Making, 1993, 6 (1) : 33 - 51.

[128]LEWIS D M, SAVICKAS M L.Validity of the Career Factors Inventory[J].

Journal of Career Assessment, 1995, 3（1）: 44-56.

[129] LI X, YE Q, YANG G.The lack of dominance and choice deferral: Choosing to defer to cope with the feeling of being out of control [J] . Journal of Social Psychology, 2017, 157（6）: 1.

[130] LOEWENSTEIN G F, WEBER E U, HSEE C K, et al.Risk as feelings [J] .Psychological Bulletin, 2001, 127（2）: 267.

[131] LUCAS M S, EPPERSON D L.Types of vocational undecidedness: A replication and refinement [J] .Journal of Counseling Psychology, 1990, 37（4）: 382-388.

[132] LUCAS M, EPPERSON D.Personality types in vocationally undecided students [J] .Journal of College Student Development, 1988, 29（5）: 460-466.

[133] LUCE M F, BETTMAN J R, PAYNE J W."Choice processing in emotionally difficult decisions": Correction [J] .Journal of Experimental Psychology Learning Memory & Cognition, 1997, 24（23）: 384-405.

[134] LUCE M F, BETTMAN J R, PAYNE J W.Emotional Decisions: Tradeoff Difficulty and Coping in Consumer Choice [J] .Monographs of the Journal of Consumer Research, 2001（1）: 1-209.

[135] LUCE M F, PAYNE J W, BETTMAN J R.Coping with Unfavorable Attribute Values in Choice [J] .Organizational Behavior & Human Decision Processes, 2000, 81（2）: 274-299.

[136] LUCE M F, PAYNE J W, BETTMAN J R.Emotional Trade-Off Difficulty and Choice [J].Journal of Marketing Research, 1999, 36（2）: 143-159.

[137] LUCE M F.Choosing to Avoid: Coping with Negatively Emotion-Laden Consumer Decisions [J].Journal of Consumer Research, 1998, 24（4）: 409-433.

[138] MAN L, LI W, MASUDA T, et al.Influence of cultural meaning system and socioeconomic change on indecisiveness in three cultures [J] . Journal of Cross-Cultural Psychology, 2016, 47 (4) : 1 - 17.

[139] MANN L, BURNETT P, RADFORD M, et al.The Melbourne decision making questionnaire: an instrument for measuring patterns for coping with decisional conflict [J] .Journal of Behavioral Decision Making, 1997, 10 (1) : 1-19.

[140] MANN L, TAN C.The hassled decision maker: the effects of perceived time pressure on information processing in decision making [J] . Australian Journal of Management, 1993, 18 (2) , 197 - 209.

[141] MARTIN F, SABOURIN S, LAPLANTE B, et al.Diffusion, support, approach, and external barriers as distinct theoretical dimensions of the Career Decision Scale: Disconfirming evidence? [J] .Journal of Vocational Behavior, 1991, 38 (2) : 187-197.

[142] MAULE A J, HOCKEY G R, BDZOLA L.Effects of time-pressure on decision-making under uncertainty: changes in affective state and information processing strategy [J].Acta Psychologica, 2000, 104(3): 283-301.

[143] MEHRABIAN A.Pleasure-arousal-dominance: A general framework for describing and measuring individual differences in Temperament [J] . Current Psychology, 1996, 14 (4) : 261-292.

[144] MILGRAM N, TENNE R.Personality correlates of decisional and task avoidant procrastination [J] .European Journal of Personality, 2000, 14 (2) : 141-156.

[145] MOGILNER C, RUDNICK T, IYENGAR S S.The mere categorization effect: How the presence of categories increases choosers' perceptions of assortment variety and outcome satisfaction [J] .Journal of Consumer Research, 2008, 35 (2) : 202-215.

[146] MORRIN M, BRONIARCZYK S, INMAN J J, et al.Saving for Retirement: The Effects of Fund Assortment Size and Investor Knowledge on Asset Allocation Strategies [J] .Journal of Consumer Affairs, 2008, 42 (2) : 206–222.

[147] NAGAR K, GANDOTRA P.Exploring choice overload, internet shopping anxiety, variety seeking and online shopping adoption relationship: Evidence from online fashion stores [J] .Global Business Review, 2016, 17 (4) : 851 - 869.

[148] NAGAR K.Drivers of E–store Patronage Intentions: Choice Overload, Internet Shopping Anxiety, and Impulse Purchase Tendency [J] . Journal of Internet Commerce, 2016, 15 (2) : 97–124.

[149] NOTA L, FERRAI L, SOLBERG V S H, et al.Career search self–efficacy, family support, and career indecision with Italian youth [J] . Journal of Career Assessment, 2007, 15: 181 - 193.

[150] NOVEMSKY N, DHAR R, SCHWARZ N, et al.The effect of preference fluency on consumer decision making [J] .Journal of Marketing Research, 2007, 44: 347 - 356.

[151] OSIPOW S H.Career Decision Scale manual [M] .Odessa, FL: Psychological Assessment Resources, 1987.

[152] OSIPOW S H.The career decision scale: , How good does it have to be? [J] .Journal of Career Assessment, 1994, 2 (1) : 15–18.

[153] OSIPOW S H.Vocational behavior and career development, 1975: A review [J] .Journal of Vocational Behavior, 1976, 9 (2) : 129–145.

[154] PATALANO A L, JUHASZ B J, DICKE J.The relationship between indecisiveness and eye movement patterns in a decision making informational search task [J] .Journal of Behavioral Decision Making, 2010, 23 (4) : 353–368.

[155] PATALANO A L, LECLAIR Z.The influence of group decision making on indecisiveness–related decisional confidence [J] .Judgment and Decision Making, 2011, 6 (2) : 163 - 175.

[156] PATALANO A L, WENGROVITZ S M.Cross–cultural exploration of the Indecisiveness Scale: A comparison of Chinese and American men and women [J] .Personality and Individual Differences, 2006, 41: 813 - 824.

[157] PATALANO A L, WENGROVITZ S M.Indecisiveness and response to risk in deciding when to decide [J] .Journal of Behavioral Decision Making, 2010, 20 (4) : 405–424.

[158] PAYNE J W, BETTMAN J R, JOHNSON E J.Adaptive strategy selection in decision making [J] .Journal of Experimental Psychology Learning Memory & Cognition, 1988, 14 (3) : 534–552.

[159] PAYNE J W, BETTMAN J R, JOHNSON E J.The adaptive decision maker [M] .Cambridge: Cambridge University press, 1993.

[160] PAYNE J W, BETTMAN J R, LUCE M F.When time is money: Decision behavior under opportunity–cost time pressure [J] . Organizational Behavior & Human Decision Processes, 1996, 66 (2): 131–152.

[161] PITTMAN T S, TYKOCINSKI O E, SANDMAN–KEINAN R, et al.When bonuses backfire: an inaction inertia analysis of procrastination induced by a missed opportunity [J] .Journal of Behavioral Decision Making, 2010, 21 (2) : 139–150.

[162] RAGHUNATHAN R, PHAM M T.All negative moods are not equal: Motivational influences of anxiety and sadness on decision making [J] . Organ Behav Hum Decis Process, 1999, 79 (1) : 56–77.

[163] RASSIN E, MURIS P, BOOSTER E, et al.Indecisiveness and informational tunnel vision [J] .Personality & Individual Differences,

2008，45（1）：96–102.

［164］RASSIN E，MURIS P，FRANKEN I，et al.Measuring General Indecisiveness［J］.Journal of Psychopathology & Behavioral Assessment，2007，29（1）：60–67.

［165］RASSIN E，MURIS P.Indecisiveness and the interpretation of ambiguous situations［J］.Personality & Individual Differences，2005，39（7）：1285–1291.

［166］RASSIN E，MURIS P.To be or not to be.indecisive：Gender differences，correlations with obsessive–compulsive complaints，and behavioural manifestation［J］.Personality & Individual Differences，2005，38（5）：1175–1181.

［167］RASSIN E.A psychological theory of indecisiveness［J］.Netherlands Journal of Psychology，2007，63（1）：1–11.

［168］REED D D，REED D G，CHOK J，et al.The "Tyranny of Choice"：Choice Overload as a Possible Instance of Effort Discounting［J］.Psychological Record，2011，61（4）：547–560.

［169］RESTUBOG S L D，FLORENTINO A R，GARCIA P R J M.The mediating roles of career self–efficacy and career decidedness in the relationship between contextual support and persistence［J］.Journal of Vocational Behavior，2010，77（2）：186–195.

［170］ROJEWSKI J W.Career indecision types for rural adolescents from disadvantaged and nondisadvantaged backgrounds［J］.Journal of Counseling Psychology，1994，41（3）：356–363.

［171］SAKA N，GATI I，KELLY K R.Emotional and personality–related aspects of career–decision–making difficulties［J］.Journal of Career Assessment，2008，16：403 – 424

［172］SANTOS P J，FERREIRA J A，GONÇALVES C M.Indecisiveness and career indecision：A test of a theoretical model［J］.Journal of

Vocational Behavior，2014，85（1）：106–114.

[173] SCHEIBEHENNE B，GREIFENEDER R，TODD P M.Can There Ever Be Too Many Options? A Meta - Analytic Review of Choice Overload[J]. Journal of Consumer Research，2010，37（3）：409–425.

[174] SCHEIBEHENNE B，GREIFENEDER R，TODD P M.What moderates the too–much–choice effect? [J] .Psychology & Marketing，2010，26（3）：229–253.

[175] SCHWARTZ B，WARD A，MONTEROSSO J，et al.Maximizing versus satisficing：happiness is a matter of choice [J] .Journal of Personality & Social Psychology，2002，83（5）：1178.

[176] SCHWARTZ B.The tyranny of choice [J] .Scientific American，2004，290（4）：70.

[177] SCOTT D J，CHURCH A T.Separation/Attachment Theory and Career Decidedness and Commitment：Effects of Parental Divorce [J] . Journal of Vocational Behavior，2001，58（3）：328–347.

[178] SHANKS D R.Complex choices better made unconsciously? [J] . Science，2006，313（5788）：760–761.

[179] SHIV B，FEDORIKHIN A.Heart and mind in conflict：The interplay of affect and cognition in consumer decision making [J] .Journal of Consumer Research，1999，26（3）：278–292.

[180] SPUNT R P，RASSIN E，EPSTEIN L M.Aversive and avoidant indecisiveness：Roles for regret proneness，maximization，and BIS/BAS sensitivities [J] .Personality & Individual Differences，2009，47（4）：256–261.

[181] STÂRICÂ E C.Predictors for career indecision in adolescence [J] . Procedia – Social and Behavioral Sciences，2012，33（33）：168–172.

[182] SUSAN F，LAZARUS R S.Coping as a mediator of emotion.Journal of

Personality and Social Psychology, 1988, 54（3）: 466 - 475.

[183] SWAMI V, SINNIAH D, SUBRAMANIAM P, et al.An exploration of the Indecisiveness Scale in multiethnic Malaysia [J] .Journal of Cross-Cultural Psychology, 2008, 39（3）: 309–316.

[184] TERRY D J.Determinants of coping: the role of stable and situational factors [J] .Journal of Personality & Social Psychology, 1994, 66（5）: 895.

[185] THAI N T, YUKSEL U.Choice overload in holiday destination choices[J]. International Journal of Culture Tourism and Hospitality Research, 2017, 119（1）: 53 - 66.

[186] TOKAR D M, WITHROW J R, HALL R J, et al.Psychological separation, attachment security, vocational self-concept crystallization, and career indecision: A structural equation analysis[J]. Journal of Counseling Psychology, 2003, 50（1）: 3–19.

[187] TOWNSEND C, KAHN B E.The "Visual Preference Heuristic": The Influence of Visual versus Verbal Depiction on Assortment Processing, Perceived Variety, and Choice Overload [J] .Journal of Consumer Research, 2014, 40（5）: 993–1015.

[188] TVERSKY A, SHAFIR E.Choice Under Conflict: The Dynamics of Deferred Decision [J] .Psychological Science, 2010, 3（6）: 358–361.

[189] VAN MATRE G, COOPER S.Concurrent evaluation of career indecision and indecisiveness [J] .Journal of Counseling & Development, 2014, 62（10）: 637–639.

[190] VISSCHERS V H, MEERTENS R M, PASSCHIER W W, et al.Probability information in risk communication: a review of the research literature [J] .Risk Analysis, 2010, 29（2）: 267–287.

[191] WÄNKE M, BOHNER G, JURKOWITSCH A.There Are Many

Reasons to Drive a BMW: Does Imagined Ease of Argument Generation Influence Attitudes?[J].Journal of Consumer Research, 1997, 24(2): 170–178.

[192] WATSON D, CLARK L A, TELLEGEN A.Development and validation of brief measures of positive and negative affect: the PANAS scales [J]. J Pers Soc Psychol, 1988, 54 (6) : 1063–1070.

[193] WEIHRICH H.The TOWS matrix—A tool for situational analysis [J] . Long Range Planning, 1982, 15 (2) : 54–66.

[194] WHITE C M, HAFENBRÄDL S, HOFFRAGE U, et al.Are groups more likely to defer choice than their members? [J] .Judgment and Decision Making, 2011, 6 (3) : 239 – 251.

[195] XU J, JIANG Z, DHAR R.Mental Representation and Perceived Similarity: How Abstract Mindset A [J] .Journal of Marketing Research, 2013, 50 (4) : 548–559.

[196] YATES F J, JI L J, OKA T, et al.Indecisiveness and culture: Incidence, values, and thoroughness [J] .Journal of Cross-Cultural Psychology, 2010, 41 (3) : 428 – 444.

[197] ZIMMERMAN F J, SHIMOGA S V.The effects of food advertising and cognitive load on food choices [J] .Bmc Public Health, 2014, 14 (1) : 1–10.

附录

一、中文版 Frost 和 Shows 优柔寡断量表

您好！非常高兴您能抽出时间参与我们的调查。下面的问卷可测量你的决策风格。本次调查仅为研究之用，答案没有对错、好坏之分，希望你能如实填写！请你根据实际情况，在右面合适的数字上打“√”。

您的回答对我们获得恰当的结论非常重要，希望能得到您的真诚支持，十分感谢！

题目	0 非常不同意	1 不同意	2 有点不同意	3 不确定	4 有点同意	5 同意	6 非常同意
1. 我会设法推迟做出决定	0	1	2	3	4	5	6
2. 我总是清楚地知道自己想要什么	0	1	2	3	4	5	6
3. 我觉得做决定是件容易的事情	0	1	2	3	4	5	6
4. 规划自己的空闲时间对我来说是件困难的事	0	1	2	3	4	5	6
5. 我喜欢处于做决定的位置上	0	1	2	3	4	5	6
6. 一旦做出了决定，我就会相当确信它是一个好的决定	0	1	2	3	4	5	6
7. 点菜时，我通常难以决定要吃什么	0	1	2	3	4	5	6
8. 我通常会迅速地做出决定	0	1	2	3	4	5	6
9. 一旦做出决定，我就不会再为它而烦恼	0	1	2	3	4	5	6
10. 做选择时，我会变得焦虑不安	0	1	2	3	4	5	6
11. 我常常担心自己会做出错误的决定	0	1	2	3	4	5	6
12. 在我已经选择或决定了某事之后，我常常会认为自己做了一个错误的选择或决定	0	1	2	3	4	5	6

续表

题目	0 非常不同意	1 不同意	2 有点不同意	3 不确定	4 有点同意	5 同意	6 非常同意
13. 因为我不能决定首先应该做什么，所以我不能准时完成任务	0	1	2	3	4	5	6
14. 由于分不清事情的轻重缓急，所以我难以完成任务	0	1	2	3	4	5	6
15. 决定一些最无关紧要的事情，好像也会花费我很多时间	0	1	2	3	4	5	6

二、Germeiji 和 Boeck 优柔寡断量表

您好！非常高兴您能抽出时间参与我们的调查。下面的问卷可测量你的决策风格。本次调查仅为研究之用，答案没有对错、好坏之分，希望你能如实填写！请你根据实际情况，在右面合适的数字上打“√”。

您的回答对我们获得恰当的结论非常重要，希望能得到您的真诚支持，十分感谢！

题目	0 非常不同意	1 不同意	2 有点不同意	3 不确定	4 有点同意	5 同意	6 非常同意
1. 我觉得做决定是件容易的事情	0	1	2	3	4	5	6
2. 对于我来说做出一个决定是很困难的。	0	1	2	3	4	5	6
3. 我不知道该如何做决定	0	1	2	3	4	5	6
4. 我知道应该采取哪些步骤来做决定	0	1	2	3	4	5	6
5. 我认为自己是个优柔寡断的人	0	1	2	3	4	5	6
6. 当必须要做决定时，我不会很犹豫	0	1	2	3	4	5	6
7. 做决定时，我很有把握	0	1	2	3	4	5	6
8. 在做决定时，我感到不确定	0	1	2	3	4	5	6
9. 做决定前我会花很长时间来权衡利弊	0	1	2	3	4	5	6
10. 我会迅速地做出决定	0	1	2	3	4	5	6
11. 我会延迟做出决定	0	1	2	3	4	5	6
12. 我不会把决定拖延到以后去做	0	1	2	3	4	5	6
13. 我会尽量避免作出决定	0	1	2	3	4	5	6
14. 必须要做决定的时候，我不会逃避	0	1	2	3	4	5	6

续表

题目	0 非常不同意	1 不同意	2 有点不同意	3 不确定	4 有点同意	5 同意	6 非常同意
15. 我倾向于让别人来做决定	0	1	2	3	4	5	6
16. 我会自己快速决断而不是让其他人来做决定	0	1	2	3	4	5	6
17. 一旦做出一个决定，我就会坚持下去	0	1	2	3	4	5	6
18. 我经常会反复考虑我的决定	0	1	2	3	4	5	6
19. 一旦做出决定，我就不会再为它而烦恼	0	1	2	3	4	5	6
20. 每做完一个决定，我都会不停地想它	0	1	2	3	4	5	6
21. 我会认为自己曾经做出的决定是错误的	0	1	2	3	4	5	6
22. 我不会后悔自己所做的决定	0	1	2	3	4	5	6

三、墨尔本决策量表

您好！非常高兴您能抽出时间参与我们的调查。下面的问卷可测量你的决策风格。本次调查仅为研究之用，答案没有对错、好坏之分，希望你能如实填写！请你根据实际情况，在右面合适的数字上打“√”。本问卷共22题，请不要漏填，谢谢！注意：即使你不完全肯定，也要回答所有的项目。对于下面的问题，请你根据实际情况，在右面合适的数字上打“√”。

题目	不符合	有时符合	符合
1. 做选择之前我会尽力先明确自己的目标	0	1	2
2. 当必须要做选择时，我会推迟很长时间才开始思考它	0	1	2
3. 我喜欢收集许多信息来做选择	0	1	2
4. 做出一个决定后，我要花费很多时间来说服自己它是正确的	0	1	2
5. 我喜欢考虑到每个可供选择的办法	0	1	2
6. 每当遇到艰难抉择时，我会觉得很难找到一个好的解决办法	0	1	2
7. 我会很谨慎地做出决定	0	1	2
8. 我会逃避做选择	0	1	2
9. 我会在一些无关紧要的事情上浪费许多时间才做出最终的决定	0	1	2
10. 我会拖延做决定的时间	0	1	2
11. 我会仔细思考如何最好地执行决策	0	1	2
12. 我宁愿让那些更有见识的人替我做决定	0	1	2
13. 一些小事情可能出岔儿，会使我突然动摇自己的选择	0	1	2
14. 不到万不得已，我不会做出决定	0	1	2
15. 我总要到为时已晚时才做出决定	0	1	2
16. 我不喜欢担负做决定的责任	0	1	2

续表

题目	不符合	有时符合	符合
17. 我会尽力找出各可选项的不足之处	0	1	2
18. 如果一个选择既可以由我做出，也可由他人做出，我会让他人来决定	0	1	2
19. 当面临紧急抉择时，我会思维混乱	0	1	2
20. 我更喜欢把选择权留给别人	0	1	2
21. 做选择时我会觉得时间紧迫，从而承受巨大压力	0	1	2
22. 即使已经做出一个决定，我也会拖延执行它的时间	0	1	2

四、损失厌恶水平（任务1—3）和重要性（任务4—6）的测查

假如您是一名即将毕业的学生，正在积极寻找工作。

您在找工作的时候，需要综合考虑众多特性（见下表）。这些特性对您来说可能具有不同的意义，下面我们会通过6种不同的测量方法来测量您对这些特性的看法。

任务1：

请假想您现在已经找到了一份工作，这份工作在所有特性上都是平均水平，如果将其中某个特性从平均水平降低20%，你愿意要求多少人民币作为补偿？

编号	特性	人民币补偿量(元)
01	工作地的生活开支	
02	工作岗位	
03	晋升加薪机会	
04	企业实力	
05	工作地周边环境	
06	人脉资源	
07	办公条件	
08	工作保障性	
09	食宿条件	
10	团队氛围	
11	行业情况	
12	工作地的发展水平	

续表

编号	特性	人民币补偿量（元）
13	学习发展	
14	个人兴趣	
15	对工作地的适应性	
16	工作强度	
17	差旅要求	
18	薪资待遇	
19	工作安全性	

任务 2：

请假想您现在已经找到了一份在所有特性上都是最好的工作。如果要将其中一个特性降到最差，把您最不愿意降低的特性赋值为 100，然后与这一特性相比，对其他特性的不情愿程度进行赋值。

编号	特性	不情愿程度赋值
01	工作地的生活开支	
02	工作岗位	
03	晋升加薪机会	
04	企业实力	
05	工作地周边环境	
06	人脉资源	
07	办公条件	
08	工作保障性	
09	食宿条件	
10	团队氛围	
11	行业情况	
12	工作地的发展水平	
13	学习发展	
14	个人兴趣	
15	对工作地的适应性	
16	工作强度	
17	差旅要求	
18	薪资待遇	
19	工作安全性	

任务 3：

请假想您现在锁定了两份工作，这两份工作在某一特性上存在差异，而其他特性完全相同。假如工作 A 在某一特性上是平均水平，那么工作 B 在该特性上有 50% 的可能性提高 20%，50% 的可能性降低多少时，你觉得这两份工作对你的吸引力是相同的？

编号	特性	50% 的可能性降低多少?
01	工作地的生活开支	
02	工作岗位	
03	晋升加薪机会	
04	企业实力	
05	工作地周边环境	
06	人脉资源	
07	办公条件	
08	工作保障性	
09	食宿条件	
10	团队氛围	
11	行业情况	
12	工作地的发展水平	
13	学习发展	
14	个人兴趣	
15	对工作地的适应性	
16	工作强度	
17	差旅要求	
18	薪资待遇	
19	工作安全性	

任务 4：

下表中列出其中一些特性，请将您在找工作时认为最重要的特性赋值为 100，然后与这一特性相比，对其他特性的重要性程度赋值。

编号	特性	重要性程度赋值
01	工作地的生活开支	
02	工作岗位	
03	晋升加薪机会	
04	企业实力	
05	工作地周边环境	
06	人脉资源	
07	办公条件	
08	工作保障性	
09	食宿条件	
10	团队氛围	
11	行业情况	
12	工作地的发展水平	
13	学习发展	
14	个人兴趣	
15	对工作地的适应性	

续表

编号	特性	重要性程度赋值
16	工作强度	
17	差旅要求	
18	薪资待遇	
19	工作安全性	

任务 5：

请假想你现在找到了一份在所有特性上都是最差的工作，如果你有机会将该工作的一个特性由最差提高到最好，而其他特性不变，那么把你首先想改变的这个特性的重要性赋值为 100，然后与这一特性相比，对其他特性的重要性程度进行赋值。

编号	特性	重要性程度赋值
01	工作地的生活开支	
02	工作岗位	
03	晋升加薪机会	
04	企业实力	
05	工作地周边环境	
06	人脉资源	
07	办公条件	
08	工作保障性	
09	食宿条件	
10	团队氛围	
11	行业情况	
12	工作地的发展水平	
13	学习发展	
14	个人兴趣	
15	对工作地的适应性	
16	工作强度	
17	差旅要求	
18	薪资待遇	
19	工作安全性	

任务 6：

请假想如果将下面的某一特性从平均水平提高 20%，你愿意支付多少人民币作为回报？

编号	特性	人民币支付量（元）
01	工作地的生活开支	
02	工作岗位	
03	晋升加薪机会	
04	企业实力	
05	工作地周边环境	
06	人脉资源	
07	办公条件	
08	工作保障性	
09	食宿条件	
10	团队氛围	
11	行业情况	
12	工作地的发展水平	
13	学习发展	
14	个人兴趣	
15	对工作地的适应性	
16	工作强度	
17	差旅要求	
18	薪资待遇	
19	工作安全性	

五、高情绪性权衡难度下的信息矩阵

	安全性	学习发展	薪资待遇	工作岗位
工作 1	最好	好	最差	最差
工作 2	最差	很差	好	最好
工作 3	很好	一般	一般	较差
工作 4	差	很好	最差	一般
工作 5	很差	好	最好	最差

六、SAM 情绪测查量表

请根据您**此时的情绪体验**，对下面的3 个项目做出准确的回答。**图形的最两端都附有对该项目的具体解释，可以帮助您更好地理解每个图形的含义，您可在任何一个图形下划"√"以代表您此时的情绪感受。**

不高兴 难过 忧虑

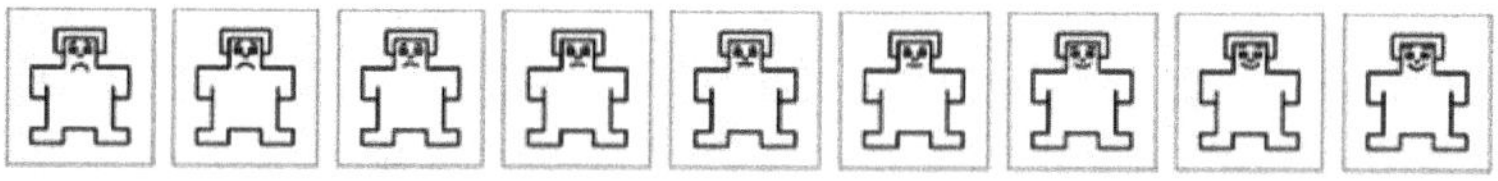

高兴 快乐 满足

1 2 3 4 5 6 7 8 9

平静 放松 欲睡

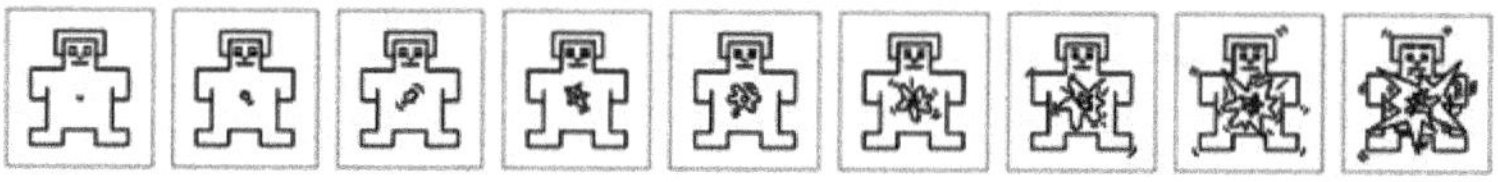

激动 觉醒 感兴趣

1 2 3 4 5 6 7 8 9

受控的 被影响 被引导

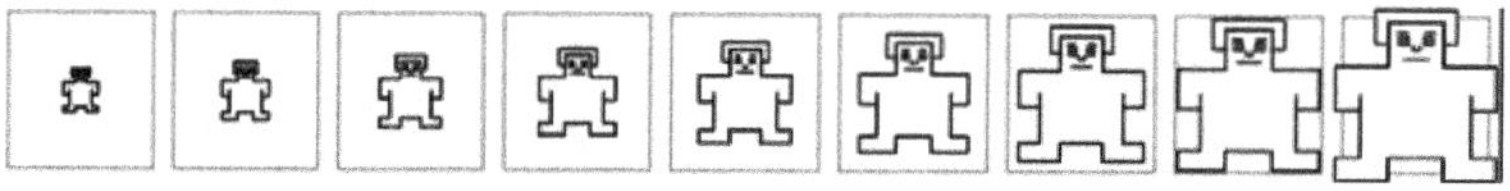

主控的 有影响力 自主的

1 2 3 4 5 6 7 8 9

七、Choosing to Defer for Coping with Emotion–Laden Decisions

The Study Based on the PAD Emotional State Model

Xiaoming Li; Guoqing Yang
Department of Psychology
Hunan Normal University
Changsha, China

Abstract— **Based on the model of emotional trade-off difficulty in decision making and the PAD emotional state model, the present article addressed how the decision makers cope with decisions involving conflict between attributes linked to highly valued goals. The model of emotional trade-off difficulty argues that one salient goal for these decisions may be coping with or minimizing the negative emotion generated during decision making, which will result in choosing avoidant option, such as choice deferral. In addition to the pleasure-displeasure dimension (just as the negative emotion in the model of emotional trade-off difficulty), the present study also included the other two dimensions (arousal-nonarousal and dominance-submissiveness) in the model of emotional trade-off difficulty based on the PAD emotional state model. The present experiment demonstrated that higher trade-off difficulty manipulation induced more displeased and submissive feelings, and increasing emotion-laden decision environments were associated with more choice of the deferral option. Mediation analyses indicated that the actual choice for deferral option could mitigate the effect of trade-off difficulty manipulation on the emotion, and actual choice of the deferral option resulted in less displeased and submissive retrospective emotion comparing with the initial emotion after the trade-off difficulty manipulation. The Arousal dimension was not related with the emotional trade-off difficulty and subsequent decision. The results in the present study indicated that choosing to defer can satisfy coping goals by minimizing explicit confrontation of the displeasure and submissiveness in the emotional trade-off difficulty decisions.**

Keywords- emotional trade-off difficulty; the PAD emotional state model; choice deferral; emotion-focused coping

I. Introduction

Normative accounts of decision making require that the people make tradeoffs among conflicting attributes. Trade-off is said to be required if an option is not clearly superior on all features compared with its alternatives, but is deemed both more and less desirable on the comparisons of particular features or attributes. Trade-off is a fundamental aspect of choice. Unless a choice is trivial (e.g. a dominating alternative exists), decision makers must accept less of one choice attribute in order to get more of another. Past research suggests that decision makers are sometimes unable to make tradeoffs due to limited cognitive ability. In addition to some cognitive reasons, negative emotion is often generated when many tradeoffs are possible, especially when those pertain to valued attributes, which will result in "emotional trade-off difficulty"[1][2].

This theoretical model of "emotional trade-off difficulty" is based on the work of Luce, Bettman, and Payne [1~3], which helps for understanding whether and how the trade-offs that characterize decision making generate threat and therefore coping behavior. The model of emotional trade-off difficulty started with the observation that decisions are often inherently stressful; thus, an important goal may be to cope with decision-generated negative emotion [4]. They found, for instance, that both the presence of attributes linked to highly valued goals (e.g., "sacred" attributes) and the perception that alternatives are relatively unfavorable (vs. generally favorable) can provoke significant anticipated and experienced negative emotion [3]. In an effort to cope with (i.e., reduce) negative emotion, the people will tend to avoid trading off these attributes. The studies indicate that the people will often instead rely on non-compensatory decision rules, such as simple lexicographic heuristics favoring maximization of the emotion-laden attribute or choosing the avoidant choice, such as choice deferral [1]. Choice deferral refers to a situation in which an individual chooses not to choose for the time being. The effects discussed in this category involve decision avoidance characterized by postponing decision or refusing to select an option [5]. Prior research has shown that the decision to defer choice can be influenced by manipulating the difficulty of choosing among a set of provided options, for example, the selection difficulty can been manipulated by the emotional trade-off difficulty [1], the absolute difference in attractiveness among the alternatives provided [6], or the fluency of preference formation by presenting descriptions in an easy- or difficult-to-read font [7].

Consistent with the model of emotional trade-off difficulty," two experiments demonstrated that reported negative emotion could be altered by manipulating decision attributes, that the opportunity to choose an avoidant option mitigated levels of reported emotion, and that increasingly emotion-laden decision environments were associated with more choice of avoidant options. The presence of those options served to decrease negative emotion associated with the choice context. Mediation analyses indicated that actual choice of an avoidant option resulted in less retrospective negative emotion [1]. This demonstrated that emotion maintenance may be among the goals involved in choice and that the emotion being

978-1-4244-9952-6/11/$26.00 ©2011 IEEE

maintained may be task related. It is important to differentiate this influence from that of emotions anticipated as a result of choosing a given option (e.g. anticipated regret) or that of ambient emotions, which precede the choice context and stem from outside of it [4].

In the theoretical model of "emotional trade-off difficulty" and the empirical studies, the former studies mainly examined the negative or displeased emotion in the trade-off difficulty. Besides the pleasure-displeasure dimension, the PAD emotional state model holds that there are three nearly independent dimensions that are used to describe and measure emotional states in the PAD emotional state model: pleasure-displeasure (P), arousal-nonarousal (A), and dominance-submissiveness (D) [8]. "pleasure-displeasure" distinguishes the positive-negative quality of emotional states, "arousal-nonarousal" refers to a combination of physical activity and mental alertness, and "dominance-submissiveness" is defined in terms of control versus lack of control. The former study found that the three dimensions were highly correlated with the preference for psychical attractiveness [9] or everyday situations [10]. For example, reference [10] found that physical attractiveness was described parsimoniously in terms of emotions: more attractive targets elicited more pleasure, more arousal, and less dominance from others. Statistical tests showed that emotional reactions mediated relations of the independent variables (physical features) to the dependent variables (judgments of attractiveness).

From those studies, in addition to the P dimension, the A and D dimension might also been important for decision making in the emotional trade-off difficulty. For example, the conflicts in a decision, such as those that put different values at odds, often lead to negative emotion. What's more, the emotion may be aroused and submissive, which can also result in the change of subsequent selection. This article extended prior work on emotional trade-off difficulty and choice deferral by investigating whether choosing to defer can satisfy emotion-focused coping goals in the emotional trade-off difficulty decisions which may elicit emotions on pleasure-displeasure (P), arousal-nonarousal (A), and dominance-submissiveness (D).

II. METHODS

A. 2.1 Participants

Sixty undergraduate students (26 males and 34 females) served as volunteer participants, with each 30 randomly assigned to the high trade off difficulty and low trade off difficulty.

B. 2.2 Experimental Design

A single-factor and between-subjects design was used in the experiment. The independent variable was the degree of emotional tradeoff difficulties, including high and low levels. The dependent variables were the feelings before introducing delay option (phase1 emotion), the emotional experience after introducing delay option (phase2 emotion), the emotional experience after selecting (retrospective emotion), and the selection (i.e., whether you choose the delay option). The choice deferral manipulation was implemented after phase 1 and before phase2. The Phase 1 emotion was used to explore whether the trade-off difficulty could change the PAD emotional state. The phase 2 emotion was used to test whether the presence of a deferral option mitigated the effect of trade-off difficulty manipulation on emotion.

C. 2.3 Trade-Off Difficulty Manipulation

Trade-off difficulty was manipulated between subjects through attribute labels [1]. The intuitive rationale for the trade-off difficulty manipulation is that some attributes (e.g., the work's safety) are associated with higher-level goals and therefore are more threatening to trade off than others (e.g., the work's office conditions). Attribute-level loss aversion was used as a metric for trade-off difficulty. The pretest data reported in the Appendix were used to construct two sets of attributes with different levels of loss aversion. Attribute importance weights were not held constant between the high and low trade-off difficulty decisions, in order to increase the potential strength of the trade-off difficulty manipulation, but the variance in importance weights was held constant [1]. The high trade-off difficulty attributes were safety, learning and development, incomes, and work position. The low trade-off difficulty attributes were work intensity, office conditions, living costs, and business travel intensity.

D. 2.4 Procedure

A decision situation was created in which the goal was to make a choice from five jobs alternatives that differed on four dimensions. The Mouselab software system was used to present the decision-making situation and collect relevant data.

Prior to presenting the job searching situation, the participants were required to complete the Self-Assessment-Manikin (SAM) projects in order to measure their baseline emotion. SAM depicts each PAD dimension with a graphic character arrayed along a continuous nine-point scale (0 = displeasure, nonarousal, and submissiveness; 9 = pleasure, arousal, and dominance). For pleasure, SAM ranges from a frowning, unhappy figure to a smiling, happy figure [11]. At the beginning of the formal experiment, all participants were asked to imagine "you are taking part in a job fair, now there are five jobs provided for you, which are different on four dimensions", then in the next page, the information of the five jobs were presented with rows defined by alternatives and columns defined by dimensions. When the participants were ready to choose one of the jobs, they were asked to click on to the next page. Then the SAM appeared on the computer to measure the PAD emotional state of the participants. The instruction was: "In the previous page, you need to choose one of the five jobs. When you are faced with the choice context, how do you feel? Please use the following three items to describe your feelings." After evaluation, the participants clicked to the next page. This page introduced a delay option, and the participants were instructed: "If now besides selecting one of the five jobs, you can also choose to continue finding other jobs, then how will you choose?" There were 6 available options in the page, the participants could choose one of the five jobs, and could also choose to "continue to find other jobs". After selecting, the participants clicked to the next page, this page used the SAM scale again to evaluate the participants' emotion after introducing delay option, the instructions was: "In the previous page, besides selecting one of the five jobs, you can also continue to find other jobs, then how do you feel? Please use the following three items to make accurate answer." Finally, the retrospective emotion was measured by requesting the participants to "Please rethink your final choice in the job searching situation, and imagine your feelings on your decision, then based on the following three items to evaluate your emotion."

E. 2.5 Paper-and-Pencil Manipulation Checks

After the Mouselab program, the participants completed the several scale questions assessing aspects of the four attributes associated with their trade-off difficult condition. Firstly, the participants rated each attribute's importance on seven-point scales. Then, the potential threat associated with each attribute was evaluated on seven-point scales for measuring the attribute-level loss aversion.

III. RESULTS

A. 3.1 Manipulation Check Results

As desired, variance in attribute importance ratings did not differ significantly across trade-off difficulty groups. The threat measure was developed by averaging across the scales assessing the emotional potential of each attribute. When the threat measure were summed across the four attributes considered by each participant, the high trade-off difficulty attributes were assessed more threatening than the low trade-off difficulty attributes (F (1, 58) = 5.49, $p < 0.05$; M_{high}= 4.94 *vs.* M_{low}= 4.43).

B. 3.2 The Effect of Trade-off Difficulty and Choice Deferral Manipulation on the Emotion

The descriptive data of the dependent measures in the different trade-off difficulty situations were showed in Table1. The data showed that there were no significant differences in the baseline PAD emotion state between the high and low trade-off difficulty.

Results with the measures on the PAD dimensions were showed by 2 (trade-off difficulty: high, low) ×2 (the different decision phase: phase1, phase2) ANOVAs with trade-off difficulty as independent measure and phase1 versus phase2 as a repeated measure. There were significant main effects of the decision phase on the P and D dimensions (F (1, 58) = 10.13, $p < 0.01$; F (1, 58) = 4.28, $p < 0.05$), when the deferral option was introduced, the participants reported that they felt more pleased and dominant. More importantly, there were also marginally significant interactions on the P dimensions (F (1, 58) = 3.22, p = 0.08) and significant interactions on the D dimensions (F (1, 58) = 5.18, $p < 0.05$). The simple effect analyses revealed that the P dimension across the two levels of trade-off difficulty did not differ significantly on the phase2 (F (1, 58) = 0.16, p = 6.92) but did on the phase1 (F (1, 58) = 3.24, $p < 0.05$). For phase1, higher trade-off difficulty was associated with more displeasure, and the results showed that the reported emotion on the P dimension could be altered by manipulating decision attributes on loss aversion. The result indicated that for high trade-off difficulty, the pleasure increased significantly when deferral option was introduced in the high trade-off difficulty (F (1, 58) = 12.39, $p < 0.01$) but not in the low trade-off difficulty (F (1, 58) = 0.96, p = 0.33). The simple effect analyses also revealed that the dominance increased significantly when deferral option was introduced in the high trade-off difficulty (F (1, 58) = 9.45, $p < 0.05$) but not in the low trade-off difficulty (F (1, 58) = 0.02, p = 0.88). There was clear evidence that the presence of an avoidant option had a stronger statistical impact for the P and D dimension on high trade-off difficulty than low trade-off difficulty. Further analysis showed that the D dimension across the two levels of trade-off difficulty did not differ on the phase1 (F (1, 58) = 2.30, p = 0.14) or the phase2 (F (1, 58) = 1.92, p = 0.17). No additional significant main and interactions effects were found.

C. 3.3 The Effect of Trade-off Difficulty on Choice

The results indicated that trade-off difficulty had a main effect on the selection of deferral options (χ^2 = 15.00 , $p < 0.001$), there were more participants choosing to defer when the trade-off difficulty was high.

TABLE I. MEANS (STANDARD DEVIATIONS) OF EMOTIONS AND FINAL CHOICE

Tradeoff difficulty		Decision process				Choice for Delay option
		baseline	Phase 1	Phase 2	Retrospective emotion	
high	P	6.60(1.45)	4.70(2.13)	6.13(1.65)	6.50(1.41)	0.43 (13)
	A	4.17(1.85)	5.10(1.94)	5.40(1.94)	5.20(1.89)	
	D	6.73(1.46)	5.13(2.19)	6.53(1.84)	6.70(1.72)	
low	P	6.63(1.13)	5.57(1.50)	5.97(1.56)	6.30(1.64)	0.07 (2)
	A	4.83(1.97)	5.30(2.00)	5.23(2.06)	5.50(1.78)	
	D	6.30(1.68)	5.97(2.02)	5.90(1.67)	6.23(1.48)	

D. 3.4 The Mediation Role of Deferral Choice on the Emotion

The retrospective emotion was used to test whether the choice for deferral option could mitigate the effect of trade-off difficulty manipulation on the emotion. To explore the role of deferral choice on the emotion, the change value of the PAD dimensions from phase1 emotion to retrospective emotion was used as dependent variable. To demonstrate mediation, three relationships must hold: (1) the trade-off difficulty affects the change of emotion significantly; (2) the choice for deferral option is significantly related to the change of emotion; (3) the effect of trade-off difficulty on the change of emotion is weakened or eliminated if the choice for deferral option is used as a covariate. The results indicated that the choice for deferral significantly mediated the effect of trade-off difficulty manipulation on the P and D dimension. The first criterion for mediation was met because the trade-off difficulty significantly affected the change of the P (F (1, 58) = 3.29, p = 0.07) and D (F (1, 58) = 4.13, $p < 0.05$) dimensions; The second criterion was also met because the choice for deferral option significantly affected the change of the P ($F(1, 58) = 6.52$, $p < 0.05$) and D ($F(1, 58) = 5.65$, $p < 0.05$) dimensions; The effect of trade-off difficulty on the P and D dimensions was eliminated if the choice for deferral option was used as a covariate ($F(1, 57) = 0.74$, $p = 0.39$; $F(1, 57) = 1.36$, $p = 0.25$), which satisfied the third criterion. To visualize the change of emotion in the decision process, the data was showed in Fig.1~3.

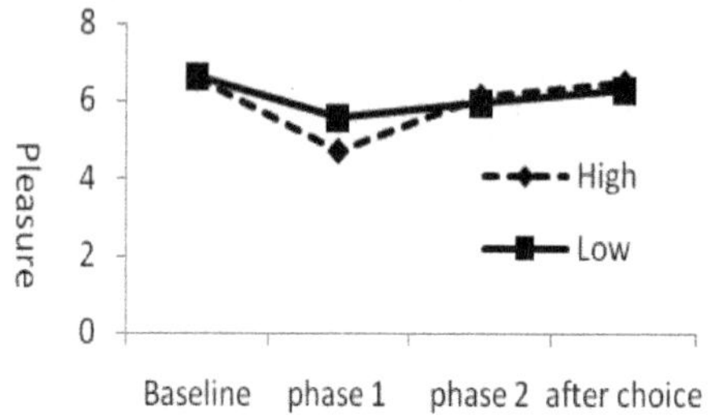

Figure 1. The change of pleasure in the decision process

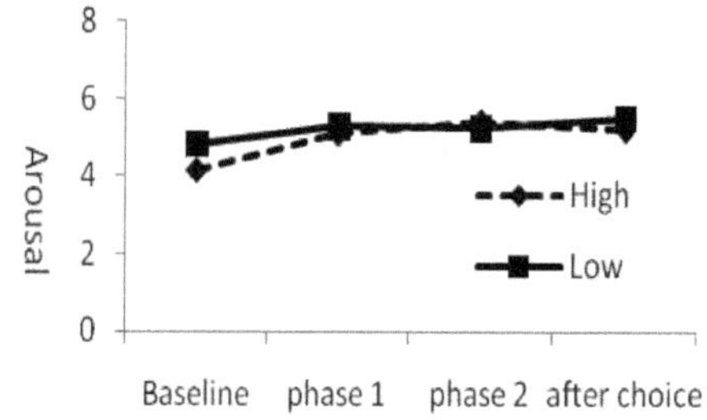

Figure 2. The change of arousal in the decision process

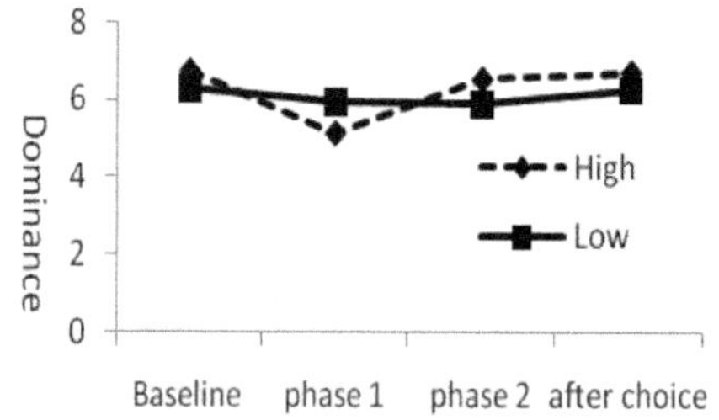

Figure 3. The change of domiance in the decision process

IV. DISCUSSION

A. 4.1 Summary

The experiments indicated that the higher trade-off difficulty were associated with more displeasure and submissiveness in the absence of the choice deferral option, and the manipulations on the trade-off difficulty did not have significant influence on the PAD emotional state when the deferral choice was provided and the decision had been made. The results showed that the presence of the deferral option or the choice for the deferral option mitigated the effect of trade-off difficulty manipulation on the P and D dimension. Further, the experiment found that the decision makers were more likely to choose the deferral option under the high trade-off difficulty. Mediation analyses indicated that actual choice of an avoidant option resulted in more pleased and dominant emotion comparing with phase1 emotion. The data showed that the A dimension were not related with the emotional trade-off difficulty and subsequent decision.

The former researches claimed that the decision makers may cope with the potential negative emotion associated with such choices by practicing certain avoidant behaviors [1]. If any of the avoidant options were present in the choice set, individuals were much more likely to select those options when they were experiencing negative emotion. The presence of those options served to decrease negative emotion associated with the choice context, and actually choosing one of the avoidant options decreased negative emotions even further [1]. The present study repeated the findings of the prior studies in the results of the P dimension.

In addition to the P dimension, the present study further found that the D dimension had important role in the emotion-laden choices involving conflicting goals of personal importance. "dominance-submissiveness" is defined in terms of control versus lack of control. The former study had indicated that the D dimension had significant correlation with preferences for situation-activity combinations in everyday life or physical attractiveness together with the P dimension [9] [10]. In the high emotional trade-off difficulty decisions, the decision makers face with high conflicts between one's important values. From the perspective of the PAD emotional state model, explicit trade-offs between highly valued attributes may also induce the feelings of submissiveness, which will make the decision makers opt to cope with the feeling of out of control in the decisions. When the D dimension for baseline emotion was used as a covariate, the ANOVA with trade-off difficulty as independent variable and the D dimension for phase1 emotion as dependent variable were used, the result indicated that the D dimension could be marginally significantly altered by manipulating decision attributes, $F(1, 57) = 3.43$, $p = 0.07$. Mediation analyses further indicated that actual choice of an avoidant option resulted in greater increasing in dominance comparing with the initial emotion after the trade-off difficulty manipulation.

The findings in this article have implications for understanding how individuals attempt to cope with the emotional trade-off difficulty decisions. From the present study, the decision makers may also aim at coping with the feeling of out of control in the trade-off difficulty decisions, in additions to the negative or displeasure emotions. The former study only focused on the P dimension in the decision conflict, but neglected the other dimensions of emotions, such as dominance-submissiveness. The present study pointed that the emotion-focused coping motivations and behavior may also been aroused by the feeling of out of control besides negative emotion.

B. 4.2 Future directions

The purpose of this research was to re-examine the emotion-focused coping motivations in the high-attribute-conflict situations based on the PAD emotional state model. This study demonstrated that the D dimension had important role in the emotion-laden decisions together with the P dimension, but the P dimension was significantly correlated with the D dimension in the present study (The coefficients of correlation for phase1, phase2 and retrospective emotion were 0.36, 0.30, and 0.39, which were all significant at 0.01or 0.05 level). From the perspective of the PAD emotional state model, the three dimensions are independent with each other in a large variety of everyday settings [10]. It was difficult to separate the role of the two dimensions in the present single experimental situation. In addition, the present study found that the A dimension were not related with the emotional trade-off difficulty and subsequent decision. The future work is needed to select different decision scenarios for distinguishing between the role of the P and D dimension and to further explore the role of the A dimension in the decision.

V. CONCLUSION

Despite the study had some limitations, the results of this study suggested that reported emotion on the P and D dimensions could be altered by manipulating decision attributes on loss aversion, and as trade-off difficulty increased, choice shares of the deferral option increased. Mediation analyses indicated that avoidant choices were generally preceded by higher trade-off difficulty and also were followed by greater pleasure and dominance comparing with the initial emotion after the trade-off difficulty manipulation than other choices. The results indicated that choosing to defer can satisfy coping goals by minimizing explicit confrontation of displeased and submissive emotion generated by explicit trade-offs between highly valued attribute.

ACKNOWLEDGMENT

This research was supported in part by grants from the National Natural Science Foundation of China (30900410), and from the Hunan Normal University (08XQN09) (09XGG22).

REFERENCES

[1] M. F Luce, "Choosing to avoid: Coping with negatively emotion-laden consumer decisions," J. Cons. Res., vol. 24, pp. 409–433,1998.

[2] M. F. Luce, J. R. Bettman, and J. W. Payne, "Choice processing in emotionally difficult decisions," J. Exp. Psychol. Lear. Memo. Cogn., vol. 23, pp. 384–405, 1997.

[3] M. F. Luce, J. R. Bettman, and J. W. Payne, "Emotional decisions: Tradeoff difficulty and coping in consumer choice," Monogr. J. Cons. Res. Series1(Spring), 2001.

[4] M. F. Luce, "Decision making as coping," Heal. Psychol., vol. 24, pp.S23–S28, 2005.

[5] C. J. Anderson, "The psychology of doing nothing: Forms of decision avoidance result from reason and emotion," Psychol. Bull., vol. 129, pp. 139–167, 2003.

[6] R. Dhar, "Consumer preference for a No - Choice option," J. Cons. Res., vol. 24, pp.215–231, 1997.

[7] N. Nathan, R. Dhar, N. Schwarz, and I. Simonson, "Preference fluency in choice," J. Market. Res., vol. 44, pp.347–56, 2007.

[8] A. Mehrabian, "Framework for a comprehensive description and measurement of emotional states, " Genet. Soc. Gen. Psych. Monogr., vol. 121, pp. 339–361, 1995.

[9] A. Mehrabian and J. S. Blum, "Physical appearance, attractiveness, and the mediating role of emotions," Curr. Psychol. Dev. Learn. Pers. Soci. vol. 16, pp. 20–42, 1997.

[10] A. Mehrabian, C. Wihardja, and E. Ljunggren, "Emotional correlates of preferences for situation-activity combinations in everyday life," Genet. Soc. Gen. Psych. Monogr., vol. 123, pp. 461–477, 1997.

[11] J. D. Morris, "Observations: SAM: The Self-Assessment Manikin; An efficient cross-cultural measurement of emotional response," J. Adver. Res., vol. 35, pp. 63–68, 1995.

APPENDIX

The attribute-level manipulations of trade-off difficulty used in the experiment were based on a pretest of 20 undergraduate participants (8 males, 12females) involving assessments of loss aversion and importance for 19 job attributes. There was particular explanation for each attribute to be well understood. The detailed descriptions of the measure methods were showed in reference [2]. The data were displayed in Table2.

TABLE II. MEANS OF ASSESSMENTS OF LOSS AVERSION AND IMPORTANCE FOR 19 JOB ATTRIBUTES

	Importance measures			*Loss-aversion measures*		
	Ratio weights	*Swing improvement*	*Pricing improvement*	*Swing decrement*	*Pricing decrement*	*Risk attitude*
Safety	5.21	4.88	5.15	5.04	4.90	4.70
Learning and development	4.41	4.76	4.84	4.69	4.54	4.59
Personal interest	4.57	4.64	4.64	4.48	4.51	4.46
Incomes	4.42	4.39	4.30	4.55	4.38	4.31
Promotion opportunity	4.29	4.43	4.48	4.11	4.43	4.44
Work position	4.17	4.18	4.42	4.34	4.24	4.17
Social connection	3.99	4.19	4.28	4.34	4.19	3.94
Team atmosphere	4.31	4.24	4.00	4.03	4.10	4.20
Company strength	3.95	4.42	4.35	4.04	4.20	3.95
Industry situation	4.28	3.96	4.01	4.23	4.09	3.82
Area developmental level	4.01	4.09	4.02	3.96	3.89	3.88
Work stability	3.74	4.06	3.92	4.05	3.81	3.73
Work intensity	4.12	3.72	3.63	3.71	3.85	3.91
Adaptability	3.60	3.63	3.76	3.68	3.69	3.70
Jobsite surrounding	3.51	3.50	3.32	3.52	3.74	3.73
Accommodation	3.59	3.65	3.43	3.67	3.48	3.75
Office conditions	3.44	3.42	3.32	3.48	3.44	3.38
Business travel intensity	3.11	2.85	2.92	3.12	3.30	3.67
Living costs	3.28	2.96	3.20	2.97	3.23	3.69

八、The lack of dominance and choice deferral: Choosing to defer to cope with the feeling of being out of control

THE JOURNAL OF SOCIAL PSYCHOLOGY
2017, VOL. 157, NO. 6, 754–765
http://dx.doi.org/10.1080/00224545.2017.1294141

Routledge
Taylor & Francis Group

The lack of dominance and choice deferral: Choosing to defer to cope with the feeling of being out of control

Xiaoming Li, Qiuling Ye, and Guoqing Yang

Hunan Normal University

ABSTRACT

The present study aimed to explore whether emotional dominance can also account for choice deferral. This research manipulated emotional dominance through the difference in attractiveness among current alternatives in Experiment 1 and the readability of fonts for describing current options in Experiment 2, to investigate the role of dominance in choice deferral. The results revealed that increasingly submissive decision environments were related to more choice of deferral options. Mediation analyses indicated that dominance could mediate the effects of experimental manipulations on choice deferral, and that the actual choice of a deferral option was associated with more increase in dominance of retrospective emotion. The results indicate that dominance plays an important role in choice deferral and that choosing to defer can minimize the explicit confrontation of being out of control.

ARTICLE HISTORY
Received 14 June 2016
Accepted 1 February 2017

KEYWORDS
Choice deferral; dominance; emotion-focused coping; PAD emotional state model

Introduction

Choice deferral and emotion-focused coping goal

Considerable research on decision-making has focused on understanding how people choose among a given set of alternatives. Most studies have forced participants to choose among the provided alternatives, but people also have the option to seek new alternatives and decide whether to choose in the real world. For example, when you are shopping in a clothing store, you can decide to buy one in the store or choose neither and go on searching in other stores. Choice deferral refers to a situation in which an individual chooses not to choose for the time being, which includes taking time to search for better alternatives, choosing not to select any of options, or avoiding responsibility for the decision altogether (Anderson, 2003). According to Anderson, choice deferral is a subcategory of the broader concept of decision avoidance, which manifests itself as a tendency to avoid making a decision by postponing it or by seeking an easy way out that involves no action or no change.

The former research investigates why individuals defer choice. One of the most important findings is that people may cope with the experienced negative emotion associated with some emotion-laden decisions by implementing some certain avoidant behaviors, and mediation analysis indicates that increased initial negative emotion results in more choice of avoidant options, such as choice deferral (Luce, 1998). Studies on "emotional trade-off difficulty" insist that decisions are often inherently stressful, especially when attributes are linked to important self goals (e.g., the attribute safety is linked to the goal of survival). In an effort to cope with (i.e., reduce) negative emotion, consumers will tend to avoid trading off these attributes (Luce, 1998, 2005; Luce, Bettman, & Payne, 1997, 2001). For example, Luce (1998) found that participants with negative emotion seemed to avoid emotional trade-off difficulty by choosing an avoidance option (i.e., deferral option). These

CONTACT Xiaoming Li lixiaoming090529@sina.cn Department of Psychology, Hunan Normal University, Changsha 410081, China
Color versions of one or more of the figures in the article can be found online at www.tandfonline.com/vsoc.

findings demonstrate that coping with negative emotion associated with decisions may be one salient goal for these emotion-laden decisions (Bettman, Luce, & Payne, 1998) and negative emotion can mediate the effects of trade-off difficulty on choice deferral.

Studies on "emotional trade-off difficulty" have mainly examined whether and how tradeoffs among conflict goals generate negative emotion and, therefore, subsequent coping behavior. However, not all decisions include important conflicting goals (e.g., choosing a clothing or sofa), then for those non-critical decisions, negative emotion may not be adequate for affecting choice deferral. The present study aims to include emotional dominance in the study of choice deferral.

The PAD emotional state model

Mehrabian and Russell (1974) asserted that all emotional responses to physical and social environments can be captured with three dimensions of affect, namely, pleasure, arousal, and dominance (PAD). They argued that various combinations of PAD can adequately represent all diverse human emotional reactions to environments and that environmental influences on behavior (e.g., preference, affiliation, and work performance) can be mediated by three affective responses. Firstly, "pleasure–displeasure" distinguishes the positive–negative quality of emotional states and ranges from happiness to unhappiness. Secondly, "arousal–nonarousal" denotes a combination of physical activity and mental alertness ranging from sleepy to frantic. Thirdly, "dominance–submissiveness" is defined in terms of feelings of being influential and powerful or in control versus extreme feelings of lack of control or influence upon one's surroundings (Mehrabian, 1995). Mehrabian and Blum (1997) found that emotional reactions mediate the relation between independent variables (e.g., physical appearance) and dependent variables (e.g., judgments of attractiveness). Foxall and Yani-de- Soriano (2005) proposed the behavioral perspective model for understanding of how structural components of consumer situations are related to the generation of the three affective responses and approach–avoidance responses. They found that all three emotional variables (i.e., pleasure, arousal, and dominance) associated with consumer environments significantly explained 27% and 37% of the variance in approach (e.g., exploring the situation and purchasing)–avoidance (e.g., deferring and leaving the setting without purchasing) responses for two substudies.

Mehrabian and Russell's (1974) began to develop the PAD emotion scale for measuring the three affective response. Accordingly, the PAD emotion scale has been widely employed to measure emotional responses to environmental stimuli. For instance, it has been used to study the affective responses of consumers in retail marketing (Yani-de-Soriano & Foxall, 2006). To avoid cultural and language problems from verbal measures and make the assessment easy, the Self-Assessment- Manikin (SAM) scale (Lang, 1980) visually represents Mehrabian and Russell (1974) three PAD dimensions and depicts each dimension with graphic characters arrayed along a continuous scale. Ito, Cacioppo, and Lang (1998) demonstrated that the correlations between scores obtained using SAM and those obtained from the PAD emotion scales were impressive for all the three dimensions. For its advantages and acceptable validity, SAM has been efficiently used to measure emotion in studies since its development (Lindenmeier, Schleer, & Pricl, 2012).

Dominance and approach-avoidance behavior

Dominance is a widely used term that relates to physical dominance expressing superiority (e.g., Hodges-Simeon, Gaulin, & Puts, 2010), social dominance with respect to power and status (e.g., Kuwabara, Yu, Lee, & Galinsky, 2015), and the emotional dominance responses to natural or social situations (to which the present research refers to). Dominance-submissiveness is reflected in terms of individuals' verbal appraisal of the environment as controlling (controlled), influential (influenced), dominant (submissive), and autonomous (guided) (Mehrabian, 1995). Several studies demonstrate that dominance is a valid emotional dimension and, as such, is an integral part of the measurement of emotion-eliciting qualities of environments. For example, Lerner and Keltner

(2000, 2001) found that fear and anger can decrease and increase people's feelings of control, respectively, and that these appraisals can mediate decisions under risk such that fear increases risk-aversion and anger increases risk-proneness.

Additionally, prior work has proposed that dominance mediates approach–avoidance behavior, thus its relevance to consumer behavior and marketing management (Kulviwat, Bruner, Kumar, Nasco, & Clark, 2007). For example, prior researchers found that control perceptions of consumers have positive effects on consumer attitude and approach behavior toward a retail store (Ward & Barnes, 2001), and feelings of control increase future shopping intention in physical stores (Wang & Hsiao, 2012). Foxall and Yani-de-Soriano (2005) found that dominance is an important emotional dimension in the prediction of consumers' approach–avoidance responses (e.g., willingness to spend time and money on consuming or escape without browsing). Yani-de-Soriano and Foxall (2006) further proposed that the higher the lack of dominance, the higher the avoidance behavior, and vice versa. Additional support for this claim is also offered by research on power (defined as asymmetric control over valued outcomes and resources), because emotional dominance and power are both associated with feeling of control conceptually. For example, prior research suggests that power leads to behavioral approach and action, and control-deprived individuals tend to be more inhibition- or inaction-oriented (Galinsky, Gruenfeld, & Magee, 2003; Keltner, Gruenfeld, & Anderson, 2003; Maner, Kaschak, & Jones, 2010).

Current research and hypothesis

Anderson (2003) concluded that the difficulty of choosing among a set of provided options is a common antecedent for choice deferral. Besides emotional trade-off difficulty (Luce, 1998), selection difficulty can also be manipulated by preference uncertainty (Dhar, 1997; Dhar & Simonson, 2003), decision strategy (Dhar, 1996), or the fluency of preference formation by presenting descriptions in an easy- or difficult-to-read font (Novemsky, Dhar, Schwarz, & Simonson, 2007). From the perspective of the PAD emotional state model, selection difficulty relevant to bewilderment, or indecision, may be aligned with the submissive state or the feeling of lack of control (Mehrabian, Wihardja, & Junggren, 1997). Prior studies have mainly explored the negative emotion avoidance hypotheses in choice deferral. A question arises on whether the feeling of being out of control can also mediate the effects of choice difficulty on choice deferrals. In the present study, we want to investigate whether dominance has its role in choice deferral, and whether dominance is one of the underlying processes linking some manipulations for selection difficulty to deferral. Former research demonstrates the mediating role of dominance in approach–avoidance behavior (Kulviwat et al., 2007). Currently, little is known about whether the lack of dominance or control may induce choice deferral, which is a specific type of decision avoidance. Additionally, feeling powerless or submissive is often an aversive state that will lead individuals to attempt to attenuate or alter this state (Inesi, Botti, Dubois, Rucker, & Galinsky, 2011; Rucker & Galinsky, 2008). Prior research finds that choosing an avoidant option (e.g., choose to defer) can effectively spare decision makers from confronting the negatively emotion-laden or difficult decisions (Luce, 1998). Is it possible that the desire to regain dominance or control can also induce individuals' choice deferral in submissively emotion-laden decisions and making a deferral choice can indeed satisfy their need for restoring immediate control?

Based on prior research, the current study proposed that decreased dominance was associated with further choice of deferral options, and that initial manipulated dominance mediated the effects of choice difficulty on choice deferral. Further, the study also predicted that if choice deferral provided coping benefits, the actual choice of a deferral option would increase the dominance of retrospective emotion in contrast to initial decision-evoked emotion. Hence, we manipulated factors that might influence dominance, that was, the difference in attractiveness among current alternatives in Experiment 1 and the readability of fonts for describing current options in Experiment 2. We examined whether factors that influenced dominance also affected choice deferral, and whether dominance would mediate the effects of choice difficulty on choice deferral. Furthermore, Experiment 2 measured the emotional state after final selection (i.e., retrospective emotion) and explored whether choosing to defer was associated with the increase in dominance of retrospective emotion.

Experiment 1

Prior research has shown that decisions to defer choice can be influenced by manipulating the difficulty of choosing among a set of provided options (Anderson, 2003). Specifically, offering several attractive alternatives such that none can easily be judged to be the best increases the tendency to not choose, compared with a choice set in which one of the options dominates or the difference in attractiveness among the available alternatives is large (Dhar, 1997; Tversky & Shafir, 1992). These findings have been explained in terms of preference uncertainty, then Experiment 1 aimed at exploring whether the psychological experience of being in control or out of control induced by preference uncertainty would affect choice deferral directly.

Method

Participants

A total of 60 undergraduate students volunteered to participate (29 males, 30 females, age range = 17–20 years old, M = 18.58, SD = 0.87). They were randomly assigned to the high and low preference uncertainty groups.

Materials and procedure

Because participants needed to report their emotion for more than one time, the measure of emotional response relied on the Self-Assessment-Manikin (SAM) scale (Bradley & Lang, 1994), which requires less than 15 seconds. Prior to presenting the choice situation, all participants were required to complete SAM on continuous 9-point scales from 1 (displeasure, nonarousal, and submissiveness) to 9 (pleasure, arousal, and dominance) to measure their baseline emotion. For pleasure, SAM ranges from a frowning, unpleasant figure to a smiling, pleasant figure on the first row of figures. For arousal, SAM ranges from a sleepy figure to an excited figure on the second row. For dominance, SAM ranges from a small figure that represents a feeling of being controlled or submissive to a large figure that represents being in control or a powerful feeling on the final row (Morris, 1995). Detailed descriptions were displayed on the two sides of figures to help participants understand these figures (see Appendix A).

At the beginning of the formal experiment, all participants were asked to imagine the following scenario: You want to rent an apartment, and two apartments are provided for you. Information about the two apartments was provided to the participants. When the participants were ready to choose one of the apartments, they were asked to continue to the next page. SAM was shown on the monitor to measure the PAD emotional states of participants. The following is the instruction shown to the participants: On the previous page, you need to choose one of the two apartments. When you are faced with the choice, how do you feel during decision-making? Please use the following three items to describe your feelings associated with the decision. After the evaluation, participants moved to the next page, which introduced a delay option. They were instructed: Now aside from selecting one of the two apartments, you can also choose to continue searching for other apartments, then how will you choose? Three options were displayed on the page: Choose the first apartment, choose the second apartment, and continue searching for other apartments. All participants were then asked to reconsider their decisions and make their final choices.

A single-factor and between-subject design was used. The independent variable was preference uncertainty. The choice set consisted of two options that were relatively equal in attractiveness or options with one alternative being clearly superior to another option in the set. In the high-uncertainty condition, the option set consisted of a new apartment that has a monthly rent of ¥650 and is 10-minute walk from school, whereas the other new apartment has a monthly rent of ¥680 and is 8-minute walk from school. Both apartments have one bedroom and one living room, with a private kitchen and bathroom. In the low uncertainty condition, one option was constructed to be clearly superior to the other. Participants were shown an old apartment that is a 10-minute walk from school and a new apartment that is an 8-minute walk from school. Both options have the same features, namely, one bedroom, one living room, private kitchen, and bathroom, and a monthly rent of ¥650. In other words, the second option is clearly superior to the first. A separate group of 35 undergraduate students rated four options in terms of their attractiveness on a 9-point scale ranging from 1 (not at all attractive) to 9 (very attractive). The attractiveness assessment of two options in low preference uncertainty was statistically significant, $t\,(34) = 5.05$, $p < 0.05$, $M_A = 6.65$, $SD_A = 1.59$ vs. $M_B = 4.57$, $SD_B = 1.90$, but failed to reach the minimum significance level in high preference uncertainty, $t\,(34) = 1.54$, $p > 0.05$, $M_A = 6.02$, $SD_A = 1.87$ vs. $M_B = 5.45$, $SD_B = 1.70$.

Prior studies indicate that the presence of avoidance options can mitigate the effect of experimental manipulations on reported emotion (Luce, 1998). Hence, initial emotion was measured before introducing a deferral option. The dependent variables were the final selection (i.e., whether to choose the delay option or not) and initial manipulated emotion before introducing a deferral option.

Results

Effect of preference uncertainty on initial emotion

The descriptive data of dependent measures in different conditions were shown in Table 1. The data analyses showed that the two groups had no significant differences in the baseline PAD emotional states. The attractiveness difference between alternatives had a significant effect on dominance controlling the baseline dominance, $F(1, 57) = 6.05$, $p < 0.05$, and lower difference was associated with decreased dominance. The results demonstrated that reported dominance could be altered by preference uncertainty. No other significant effects were found for pleasure or arousal controlling the baseline pleasure or arousal, $F(1, 57) = 0.45$, $p > 0.05$, $F(1, 57) = 0.39$, $p > 0.05$.

Effect of preference uncertainty on choice deferral

The result indicated that preference uncertainty affected the selection of deferral options significantly, $\chi^2(1) = 5.46$, $p < 0.05$. As expected, more participants decided to defer when the two options were relatively equal in attractiveness than when one option was clearly superior to the other.

Initial emotion as a mediator of choice deferral

Initial emotion was used to test whether the three emotional dimensions could mediate the effects of experimental manipulations on choice deferral. We used Preacher and Hayes's (2008) bootstrapping procedure to test the mediation of each dimension for the effect of preference uncertainty on choice deferral. The results indicated that pleasure and arousal did not mediate the effect of preference

Table 1. Means scores (standard deviations) for self-reported emotional states and the final choice in Experiment 1.

Preference uncertainty		Emotional states: Baseline	Emotional states: Initial	The proportions for choice deferral
High	P	5.97(2.00)	5.77(1.84)	0.60 (18/30)
	A	5.63(1.64)	5.37(1.52)	
	D	6.03(1.83)	5.17(1.96)	
Low	P	5.93(1.52)	6.07(1.60)	0.30 (9/30)
	A	5.50(1.59)	5.10(1.40)	
	D	6.03(1.35)	6.37(1.30)	

Notes: P represents Pleasure; A represents Arousal; D represents Dominance uncertainty on choice deferral, as the 95% bias-corrected bootstrapped confidence intervals for pleasure and arousal included zero, indicating that mediation through those paths were not significant ($CI_{pleasure}$ = 0.61–0.33; $CI_{arousal}$ = 0.20–0.35). In contrast, dominance mediated the link between preference uncertainty and choice deferral, as the 95% bias-corrected bootstrapped confidence intervals for dominance did not include zero, demonstrating that mediation through this path was significant (CI = .03–1.89).

Discussion

As predicted, decreased dominance elicited by high-choice uncertainty increased choice deferral in Experiment 1. More importantly, dominance mediated the effect of preference uncertainty on choice deferral, rather than pleasure and arousal. Although prior studies have proposed that emotion-coping goals account for decision avoidance, and post-decisional emotion is infrequently measured. Experiment 2 was designed to examine the effect of dominance on choice deferral in a different domain, thereby testing the robustness of the effect observed in Experiment 1. Experiment 2 further measured the emotional experience after selecting (i.e., immediate retrospective emotion) to explore whether the actual choice for a deferral option was associated with more increase in dominance of retrospective emotion comparing with initial emotion.

Experiment 2

The subjective experience of difficulty can be a direct outcome of the choice content (e.g., the attributes of alternatives or the composition of choice sets), but it can also be influenced by extraneous variables that do not pertain to the content of the choice. Novemsky et al. (2007) indicated that the fluency experience (i.e., the subjective feeling of ease or difficulty experienced while making a decision) derived from variables extraneous to choice options can affect choice deferral. For example, this study found that font clarity (e.g., a font that is either easy or difficult to read) for presenting the descriptions of a set of choice objects influenced preference fluency and thus choice deferral. These findings were explained in terms of preference fluency, but the present study proposed that a subjective feeling of lack of control associated with decreased preference fluency might result in increased choice of deferral options directly. Therefore, participants were expected to experience less dominance when the same information was presented in a difficult-to-read font than in a standard font. Accordingly, the present study expected that increased submissiveness would result in increased choice of deferral options, and that the effect of font readability on choice deferral could be mediated by initial dominance associated with decision difficulty. Additionally, Experiment 2 extended prior studies by investigating whether choosing to defer could lead to the increase in dominance of retrospective emotion.

Method

Participants

A total of 60 undergraduate students (30 males, 30 females, age range = 17–20 years old, M = 18.88, SD = 1.12) volunteered to be participants. They were randomly assigned to either easy-to-read font or difficult-to-read font condition.

Materials and procedure

Prior to presenting the choice situation, participants were required to complete the SAM to measure their baseline emotion. Participants were presented with a hypothetical choice problem, including descriptions of two computers. Similar to most real purchase situations, participants could either choose one of the two options presented or defer choice and continue looking at other stores.

At the beginning of the formal experiment, all participants were told the following: Now you want to buy a computer, and two computers are provided for you. The options are described in nine dimensions. The information about the two computers were presented on the same page. When participants were ready to choose one of the computers, they were asked to continue to the next page. The SAM appeared on computers to measure their PAD emotional states. The following is the instruction shown to the participants: On the previous page, you need to choose one of two computers. When you are faced with the choice, how do you feel during the decision-making? Please use the following three items to describe your feelings associated with the decision. After the evaluation, participants moved to the next page. This page introduced a delay option, and they were instructed to select one of two computers or search for other computers. After selecting, participants clicked to the next page. Finally, the retrospective emotion was measured by requesting participants to rethink their final choices and imagine their feelings regarding the decisions.

Experiment 2 used a single-factor and between-subject design. The independent variable was the readability of fonts for presenting the descriptions of two options, that was, easy-to-read font (i.e., standard fonts) and difficult-to-read font (see Appendix B). The dependent variables were emotion before introducing the delay option (i.e., initial emotion), the final selection (i.e., whether you choose the delay option or not), and emotional experience after selecting (i.e., retrospective emotion). Experiment 2 manipulated subjective difficulty by presenting the descriptions of two alternatives in the embossed italicized font. This font was fairly difficult to read, although it could be read accurately with some effort. In a pretest, a separate group of 35 undergraduate students rated the fonts used in Experiment 2 on a 9-point scale ranging from 1 (very easy to read) to 9 (very difficult to read). The pretest confirmed that the difficult-to-read font was rated significantly more difficult to read than the same materials presented in a standard font, $t\ (34) = 11.89$, $p < .001$, $M_{easy} = 1.89$, $SD_{easy} = 1.79$ vs. $M_{difficult} = 7.03$, $SD_{difficult} = 1.82$.

Results

Effect of font readability on initial emotion

The descriptive data of the dependent measures in different conditions were shown in Table 2. The results showed no significant differences in the baseline PAD emotional states of the two groups. The analyses on initial emotion indicated a significant effect of the font readability on dominance controlling the baseline dominance, $F(1, 57) = 6.08$, $p < .05$. The difficult-to-read font was associated with higher submissiveness. The results showed that initial dominance could be altered by fonts. No other significant effects were found for pleasure or arousal controlling the baseline pleasure or arousal, $F(1, 57) = 3.39$, $p > .05$, $F(1, 57) = 0.05$, $p > .05$.

Effect of font readability on choice deferral

The results indicated that the readability of fonts significantly affected the selection of a deferral option, $\chi^2(1) = 5.41$, $p < .05$. More participants tended to defer when the font was difficult to read than when the font was easy to read.

Table 2. Means scores (standard deviations) for self-reported emotional states and the final choice in Experiment 2.

Font readability		Emotional states			The proportions for choice deferral
		Baseline	Initial	Retrospective	
Difficult-to-read	P	6.17(1.53)	5.60(1.56)	6.03(1.33)	0.67 (20/30)
	A	5.20(1.38)	5.17(1.42)	5.53(1.43)	
	D	5.80(1.78)	5.57(2.20)	6.70(1.76)	
Easy-to-read	P	6.10(1.96)	6.30(1.73)	7.10(1.42)	0.37 (11/30)
	A	5.17(1.93)	5.07(1.63)	5.00(1.59)	
	D	5.87(1.87)	6.67(1.27)	6.90(1.08)	

Initial emotion as a mediator of choice deferral

As mentioned above, Preacher and Hayes (2008) bootstrapping procedure was used to test the mediation of each dimension for the effect of font readability on choice deferral. As predicted, dominance mediated the effect of font readability on choice deferral (the confidence did not include zero: CI = .02–2.48), but pleasure or arousal was not a significant mediator (confidence intervals included zero: $CI_{pleasure}$ = 1.27–0.21; $CI_{arousal}$ = 0.15–0.17).

Effect of actual deferral choice on emotional change

To explore the role of the actual deferral behavior in emotional change, the change of the PAD dimensions from initial emotion to retrospective ones (e.g., the change in dominance = the value of retrospective dominance–the value of initial dominance) was used as the dependent variable. As expected, participants choosing to defer ($M_{deferral}$ = 1.32, $SD_{deferral}$ = 1.85) experienced more improvement in dominance than participants choosing not to defer (M_{choice} = 0.03, SD_{choice} = 0.98), t (46.26) = 3.39, p < .01. T-test also indicated that whether to choose for deferral or not did not change the emotional experience in pleasure or arousal, t (58) = 1.84, p > .05, t (58) = 0.10, p > .05, for pleasure, $M_{deferral}$ = 0.94, $SD_{deferral}$ = 1.69, M_{choice} = 0.28, SD_{choice} = 0.96, for arousal, $M_{deferral}$ = 0.13, $SD_{deferral}$ = 1.82, M_{choice} = 0.17, SD_{choice} = 1.51.

Discussion

Experiment 2 manipulated dominance by the readability of fonts for presenting the descriptions of choice alternatives. As predicted, decreased dominance elicited by the difficult-to-read font increased choice deferral, and dominance mediated the effect of font readability on choice deferral. In addition, Experiment 2 also measured retrospective emotion after the final choice and demonstrated that actual choice of a deferral option was associated with more increase in dominance from initial manipulated emotion to retrospective emotion.

General discussion

The present study used the characteristics of current options to manipulate the emotional experience of participants, and demonstrated that participants were more inclined to delay their choice in submissiveness conditions than in dominance conditions. The mediation analyses in the two experiments indicated that dominance mediated the effect of experimental manipulations on choice deferral. Experiment 2 further indicated that the actual choice for a deferral option were associated with increase in the dominance of immediate retrospective emotion. This study was the first to demonstrate the relation between dominance and choice deferrals, and was an important extension of the literature on choice deferral.

Then, why did dominance mediate the effects of choice difficulty on choice deferral in the present study? Control is a critical animating force in human behavior, and people usually try to reinstate control when it is lost or threatened (Inesi et al., 2011). Therefore, in addition to satisfying decreasing negative emotion, minimizing the sense of out of control associated with decision making may be another important goal. In the present study, when individuals were involved in these submissiveness- eliciting decision situations, they might strive to restore their sense of control through their choices. However, active decision does not always provide a sense of control—for example, when the available options are undifferentiated (i.e., high preference uncertainty in Experiment 1) or the choice condition is poor (i.e., difficult-to-read font for presenting the options in Experiment 2). Then, choosing to defer may prove to be an effective way to spare individuals from confronting the decision-generated submissiveness. As Experiment 2 showed that a deferral decision indeed promoted increased dominance of retrospective emotion that was elicited at a post-deferral stage.

These findings have important implications for building a bridge between the dominance and choice literature. This study indicates that dominance may be a valid emotional dimension for describing the emotion-eliciting qualities of decisions and that is associated with choice deferral, thus its relevance to consumer behavior or marketing management. Foxall and Yani-de-Soriano (2005) concluded that promoting situations that engender dominance may be more important for managers of retail and consumption environments than attempts to manipulate pleasure and arousal. They proposed that increasing the scope of the consumer behavior setting by providing the feelings of control is likely to increase positive consumer behavior. Hence, these retailers should at least ensure that their consumers feel in control with their shopping activities. For example, a well-organized store layout may allow great control of consumers to explore the store environment or to locate their desired products easily (Ward & Barnes, 2001). Therefore, practitioners should make more efforts to manage this important variable.

What the present research has shown is that the relation between dominance and choice deferral should be emphasized. This research has some limitations, for example, choice difficulty is not measured directly or used in mediation analysis, and feelings of choice difficulty may be another explanation of the results. Additionally, dominance-submissiveness may vary by culture (Kuwabara et al., 2015), the present study did not explore the possible cross-cultural differences, which limited its generalization. The present study also poses some interesting directions for the future research. Firstly, the main purpose of this study is to investigate the relation between dominance and choice deferral, but the roles of pleasure and arousal are not emphasized in the experimental designs. The present results do not mean that all kinds of choice uncertainty or difficulty manipulations can significantly affect dominance instead of pleasure and arousal, which may be situational specificity. Therefore, we cannot rule out that pleasure and arousal may influence choice deferral under certain circumstances—for example, emotional trade-off difficulty conditions. The effects of anticipatory negative emotion on choice deferral have been explored in former studies (Luce, 1998). Prior work finds that arousal plays an important role in choice (Walsh, Shiu, Hassan, Michaeldiou, & Beatty, 2011), and consumers are also motivated to manage their level of arousal (Di Muro & Murray, 2012). Future studies can increase the effect and realism of laboratory decision-making tasks to study the role of arousal in choice deferral. Secondly, certainly in some urgency conditions or when a decision has potential risks associated with delay, it is wise to make a choice quickly to attain or maintain dominance. In the present decision tasks, the necessity to make a choice immediately is not emphasized, which is similar with the situations when we have freedom and enough time to make a choice from more options. In those situations, refusing to select among the current options may be an important behavior for expressing dominance and attaining immediate dominance, especially when the decision is difficult or uncertain, and then choice deferral makes decision makers experience improvement in the immediate retrospective dominance. The results in the present study can't answer whether deferral can also improve dominance in the long time, which may be just the opposite, and the future study can explore the effect of choice deferral on retrospective dominance in the long run. Finally, the present study mainly explores the function of dominance that is relevant to the choice task, while many studies focuses on incidental emotions that typically arise from factors external to the judgment about the decision being made (e.g., Kim, Park, & Schwarz, 2010; Yen & Chuang, 2008). Future research can manipulate social dominance or power external to decision tasks (e.g., Carney, Cuddy, & Yap, 2010) and explore the role of manipulated dominance in choice deferral directly.

Acknowledgments

The authors acknowledge the comments and suggestions provided by the anonymous JSP reviewers.

Funding

This work was supported by the Philosophy and Social Sciences Fund of Hunan Province (13YBA220) and the State Scholarship Fund of China Scholarship Council (201606725003) awarded to the first author.

Notes on contributors

Xiaoming Li is an Associate Professor of the Department of Psychology at Hunan Normal University. Her current interests include decision avoidance and the effect of power on decision making. **Qiuling Ye** received her MS from the

Department of Psychology at Hunan Normal University. Her current interest is the effect of power on inter-temporal decision-making. Guoqing Yang received his MS from the Department of Psychology at Hunan Normal University. Now he has joined work on statistics.

References

Anderson, C. J. (2003). The psychology of doing nothing: Forms of decision avoidance result from reason and emotion. *Psychological Bulletin, 129,* 139–167. doi:10.1037/0033-2909.129.1.139

Bettman, J. R., Luce, M. F., & Payne, J. W. (1998). Constructive consumer choice processes. *Journal of Consumer Research, 25,* 187–217. doi:10.1086/jcr.1998.25.issue-3

Bradley, M. M., & Lang, P. J. (1994). Measuring emotion: The self-assessment manikin and the semantic differential. *Journal of Behavior Therapy and Experimental Psychiatry, 25,* 49–59. doi:10.1016/0005-7916(94)90063-9

Carney, D. R., Cuddy, A. J. C., & Yap, A. J. (2010). Power posing: Brief nonverbal displays affect neuroendocrine levels and risk tolerance. *Psychological Science, 21,* 1363–1368. doi:10.1177/0956797610383437

Dhar, R. (1996). The effect of decision strategy on the decision to defer choice. *Journal of Behavioral Decision Making 9,* 265–281. doi:10.1002/(SICI)1099-0771(199612)9:4<265::AID-BDM231>3.0.CO;2-4

Dhar, R. (1997). Consumer preference for a No-Choice option. *Journal of Consumer Research, 24,* 215–231. doi:10.1086/jcr.1997.24.issue-2

Dhar, R., & Simonson, I. (2003). The effect of forced choice on choice. *Journal of Marketing Research, 40,* 146–160. doi:10.1509/jmkr.40.2.146.19229

Di Muro, F., & Murray, K. B. (2012). An arousal regulation explanation of mood effects on consumer choice. *Journal of Consumer Research, 39*(3), 574 584. doi:10.1086/664040

Foxall, G. R., & Yani-de-Soriano, M. M. (2005). Situational influences on consumers' attitudes and behavior. *Journal of Business Research, 58,* 518–525. doi:10.1016/S0148-2963(03)00142-5

Galinsky, A. D., Gruenfeld, D. H., & Magee, J. C. (2003). From power to action. *Journal of Personality and Social Psychology, 85,* 453–466. doi:10.1037/0022-3514.85.3.453

Hodges-Simeon, C. R., Gaulin, S. J. C., & Puts, D. A. (2010). Different vocal parameters predict perceptions of dominance and attractiveness. *Human Nature, 21*(4), 406–427. doi:10.1007/s12110-010-9101-5

Inesi, M. E., Botti, S., Dubois, D., Rucker, D. D., & Galinsky, A. D. (2011). Power and choice: Their dynamic interplay in quenching the thirst for personal control. *Psychological Science, 22*(8), 1042–1048. doi:10.1177/0956797611413936

Ito, T. A., Cacioppo, J. T., & Lang, P. J. (1998). Eliciting affect using the international affective picture system: Trajectories through evaluative space. *Personality and Social Psychology Bulletin, 24,* 855–879. doi:10.1177/0146167298248006 Keltner, D., Gruenfeld, D. H., & Anderson, C. (2003). Power, approach, and inhibition. *Psychological Review, 110,* 265–284. doi:10.1037/0033-295X.110.2.265

Kim, H., Park, K., & Schwarz, N. (2010). Will this trip really be exciting? The role of incidental emotions in product evaluation. *Journal of Consumer Research, 36,* 983 991. doi:10.1086/644763

Kulviwat, S., Bruner, G. C., II, Kumar, A., Nasco, S. A., & Clark, T. (2007). Toward a unified theory of consumer acceptance technology. *Psychology and Marketing, 24,* 1059–1084. doi:10.1002/(ISSN)1520-6793

Kuwabara, K., Yu, S., Lee, A. J., & Galinsky, A. D. (2015). Status decreases dominance in the west but increases dominance in the east. *Psychological Science, 27,* 127–137. doi:10.1177/0956797615612694

Lang, P. J. (1980). Behavioral treatment and bio-behavioral assessment: Computer applications. In J. B. Sidowski, J. H. Johnson, & E. A. Williams (Eds.), *Technology in mental health care delivery systems* (pp. 119–137). Norwood, NJ: Ablex.

Lerner, J. S., & Keltner, D. (2000). Beyond valence: Toward a model of emotion specific influences on judgment and choice. *Cognition and Emotion, 14,* 473–493. doi:10.1080/026999300402763

Lerner, J. S., & Keltner, D. (2001). Fear, anger, and risk. *Journal of Personality and Social Psychology, 81,* 146–159. doi:10.1037/0022-3514.81.1.146

Lindenmeier, J., Schleer, C., & Pricl, D. (2012). Consumer outrage: Emotional reactions to unethical corporate behavior. *Journal of Business Research, 65,* 1364–1373. doi:10.1016/j.jbusres.2011.09.022

Luce, M. F. (1998). Choosing to avoid: Coping with negatively emotion-laden consumer decisions. *Journal of Consumer Research, 24,* 409–433. doi:10.1086/jcr.1998.24.issue-4

Luce, M. F. (2005). Decision making as coping. *Health Psychology, 24,* S23–S28. doi:10.1037/0278-6133.24.4.S23

Luce, M. F., Bettman, J. R., & Payne, J. W. (1997). Choice processing in emotionally difficult decisions. *Journal of Experimental Psychology: Learning, Memory and Cognition, 23,* 384–405.

Luce, M. F., Bettman, J. R., & Payne, J. W. (2001, Spring). Emotional decisions: Tradeoff difficulty and coping in consumer choice. *Monographs of the Journal of Consumer Research Series, 1,* 1–209.

Maner, J. K., Kaschak, M. P., & Jones, J. L. (2010). Social power and the advent of action. *Social Cognition, 28,* 122–132. doi:10.1521/soco.2010.28.1.122

Mehrabian, A. (1995). Framework for a comprehensive description and measurement of emotional states. *Genetic, Social and General Psychology Monographs, 121,* 339–361.

Mehrabian, A., & Blum, J. S. (1997). Physical appearance, attractiveness, and the mediating role of emotions. *Current Psychology: Developmental, Learning, Personality, Social, 16*, 20–42. doi:10.1007/s12144-997-1013-0

Mehrabian, A., & Russell, J. A. (1974). *An approach to environmental psychology*. Cambridge, MA: MIT Press. Mehrabian, A., Wihardja, C. L., & Junggren, E. (1997). Emotional correlates of preferences for situation-activity combinations in everyday life. *Genetic, Social and General Psychology Monographs, 123*, 461–477.

Morris, J. D. (1995). Observations: SAM: The Self-Assessment Manikin; An efficient cross-cultural measurement of emotional response. *Journal of Advertising Research, 35*, 63–68.

Novemsky, N., Dhar, R., Schwarz, N., & Simonson, I. (2007). The effect of preference fluency on consumer decision making. *Journal of Marketing Research, 44*, 347–356. doi:10.1509/jmkr.44.3.347

Preacher, K. J., & Hayes, A. F. (2008). Asymptotic and resampling strategies for assessing and comparing indirect effects in multiple mediator models. *Behavior Research Methods, 40*(3), 879 891. doi:10.3758/BRM.40.3.879

Rucker, D. D., & Galinsky, A. D. (2008). Desire to acquire: Powerlessness and compensatory consumption. *Journal of Consumer Research, 35*, 257–267. doi:10.1086/588569

Tversky, A., & Shafir, E. (1992). Choice under conflict: The dynamics of deferred decision. *Psychological Science, 3*(6), 358–361. doi:10.1111/psci.1992.3.issue-6

Walsh, G., Shiu, E., Hassan, L. M., Michaeldiou, N., & Beatty, S. E. (2011). Emotions, store-environmental cues, store-choice criteria, and marketing outcomes. *Journal of Business Research, 64*, 737–744. doi:10.1016/j.jbusres.2010.07.008

Wang, L. C., & Hsiao, D. F. (2012). Antecedents of flow in retail store shopping. *Journal of Retailing and Consumer Services, 19*, 381–389. doi:10.1016/j.jretconser.2012.03.002

Ward, J. C., & Barnes, J. W. (2001). Control and affect: The influence of feeling in control of the retail environment on affect, involvement, attitude, and behavior. *Journal of Business Research, 54*, 139–144. doi:10.1016/S0148-2963(99)00083-1

Yani-de-Soriano, M. M., & Foxall, G. R. (2006). The emotional power of place: The fall and rise of dominance in retail research. *Journal of Retailing and Consumer Services, 13*, 403–416. doi:10.1016/j.jretconser.2006.02.007

Yen, H. J. R., & Chuang, S. C. (2008). The effect of incidental affect on preference for the status quo. *Journal of the Academy of Marketing Science, 36*, 522–537. doi:10.1007/s11747-008-0084-2

Appendix A

The Self-Assessment-Manikin (SAM)

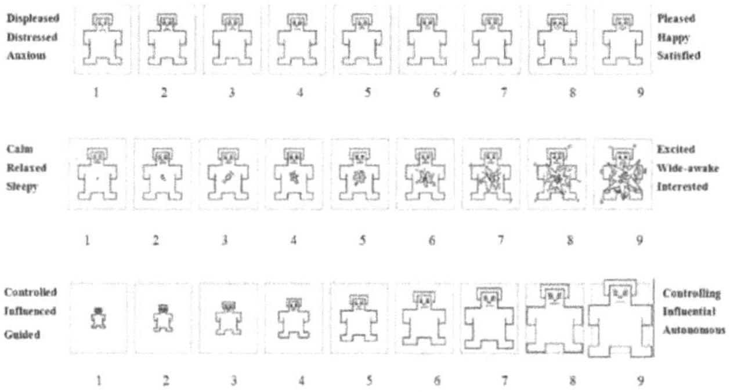

Appendix B

The difficult-to-read font in Experiment2

電腦一：
- 14.9寸顯示屏
- 250G硬盤
- 4G內存
- 512獨立顯卡
- 双核2.8Ghz处理器
- 內置无线网卡
- XP操作系统
- DVD刻录驱动器
- 参考價：4800元

電腦二：
- 14.9寸顯示屏
- 320G硬盤
- 2G內存
- 1G集成顯卡
- 單核3.1Ghz处理器
- 內置无线网卡
- Win7操作系统
- DVD刻录驱动器
- 参考價：5200元

九、CDDQ 中的 44 种具体的决策困难

1. 在决策过程开始之前

缺乏准备

缺乏动力（Rm）

1. 不愿意做出职业选择
2. 认为工作不是生活中最重要的事情
3. 认为时间会促成“正确”的职业选择

犹豫不决（Ri）

4. 一般性决策困难
5. 证明和支持决策的一般性需要
6. 避免承诺的一般性倾向
7. 对失败的一般性恐惧

不合理的信念（Rd）

8. 认为进入职业会解决所有个人问题的信念
9. 认为理想职业可以满足所有愿望的信念
10. 认为职业选择是仅此一次和终身义务的信念

缺乏对职业决策过程的了解（Lp）

11. 关于做出一个职业决策所涉及的步骤

12. 关于所要考虑的因素

13. 关于如何结合涉及自我和职业选择的信息

2. 在决策过程中

缺乏信息

缺乏关于自我的信息（Ls）

14. 缺乏关于自身能力的信息

15. 缺乏关于人格特质的信息

16. 缺乏关于首选职业的信息

17. 缺乏关于职业偏好的信息

18. 缺乏关于未来潜力的信息

19. 缺乏关于未来人格特质的信息

20. 缺乏关于未来首选职业的信息

21. 缺乏关于未来职业偏好的信息

缺乏关于职业的信息（Lo）

22. 缺乏关于各种职业或培训的信息

23. 缺乏对个人感兴趣的职业或培训特征的信息

24. 缺乏关于未来职业或培训的信息

25. 缺乏关于未来职业或培训特征的信息

缺乏关于信息获取途径的信息（La）

26. 缺乏与自我有关的信息获取途径的信息

27. 缺乏与职业和培训有关的信息获取途径的信息

不一致的信息

不可靠的信息（Iu）

28. 关于能力的不可靠信息
29. 关于人格特质的不可靠信息
30. 关于首选职业的不可靠信息
31. 关于职业偏好的不可靠信息
32. 关于是否存在某一职业或培训的不可靠信息
33. 关于职业或培训特征的不可靠信息

内部冲突（Ii）

34. 不愿意妥协
35. 很多具有相似吸引力的职业选项
36. 易获得的职业并非自己所喜欢的
37. 首选职业中的某些方面不令人满意
38. 没有任何一个职业可以集中自己所有的喜好
39. 自身能力不足以满足首选职业的要求
40. 自身能力超过首选职业的要求

外部冲突（Ie）

41. 重要他人和自身在理想职业上的分歧
42. 重要他人和在理想职业相关特征上的分歧
43. 不同重要他人在职业选择建议上的分歧
44. 不同重要他人在职业相关特征建议上的分歧

后　记

写作此书缘起作者于2013年申请的湖南省社科基金项目（优柔寡断特质及其对决策回避行为的影响，13YBA220）。在此背景下，我们课题组的几位研究生也将自己的硕士论文主题选定在了"优柔寡断"领域，如肖燕和邓婕同学。除了优柔寡断所导致的特质性决策困难外，我们课题组在情景性决策困难领域也涉猎较多，如我在研究生期间曾关注过情绪性权衡困难领域；杨国庆同学也在其硕士论文中从情绪的角度探讨过情景性决策困难对延迟选择的影响机制。除了上述我们曾做出较多探索的这两种决策困难外，本书也引入了一种存在于特殊决策领域中的决策困难：职业决策困难。国内外学者曾对该类决策困难开展了较为广泛的探讨，相关研究将有助于人们做出更为合理的职业规划与决策。

由此，本书将主题定位在了更宽泛意义上的决策困难，将具体内容分为特质性决策困难、情景性决策困难和职业决策困难三编。应该说，本书是国内少有的从不同角度系统地探讨决策困难的专著，对于人们了解不同决策困难的成因和影响，以及思考如何应对这些决策困难将具有重要的理论和实践价值。本书也是我对自己近年来在决策困难领域中所做工作的一个整理总结，希望该书对决策困难领域的研究者和实践者具有借鉴意义。

本书的出版得益于很多人的努力和帮助。谢佳、杨国庆、肖燕和邓婕同学均直接参与了相关工作，戴婷同学帮忙整理了第三编的研究资料，谭谱同学对本书的写作提出了很多宝贵意见。本书的顺利出版也得益于湖南师范大学心理学一级学科基金项目的大力支持和彭运石教授的引荐，在此特别表示感谢。另本书也属于认知与人类行为湖南省重点实验室成果，特此标注。

李晓明

2018 年 7 月